YVES CAMDEBORDE
et Olivier Margot

OVALIX

UNE HISTOIRE GOURMANDE DU RUGBY

Photographies culinaires d'Yves Duronsoy

Albin Michel

SOMMAI

INTRODUCTION
PAR YVES CAMDEBORDE

Gastronomie & ovalie, deux passions intimement liées

Les Springboks de 1961, appréciant la cuisine française.

Ma famille, mes amis, la cuisine et le rugby… Si l'amour que je porte aux miens va bien au-delà des mots, la gastronomie et l'ovalie sont deux passions qui font partie de ma vie depuis toujours. Deux univers intimement liés, caractérisés par les mêmes valeurs : un savant mélange de solidarité, fraternité, mixité, discipline, respect des traditions et… création. Notre gastronomie française est indéniablement l'un des fleurons de notre identité culturelle, et on peut parallèlement se montrer fier de nos XV qui se distinguent par une renommée internationale. Rugby et bonne chère véhiculent le même message : procurer du bonheur. Que ce soit une victoire qui nous incite à chanter et à nous exalter dans un stade ou une recette inédite qui bouleverse nos sens, la notion d'altruisme est là. Chef ou entraîneur, nous sommes habités par la même rage et nous nous fixons le même objectif : procurer du plaisir, avec notre cœur et nos tripes. Pour moi, *french flair* et *french touch* ont le même objectif : faire rayonner l'image de la France sur tous les continents… et, vu leur renommée, on est en droit de ressentir une sacrée pointe de fierté !

LES SIMILITUDES SONT NOMBREUSES ; LA PREMIÈRE ET LA PLUS ÉVIDENTE : LE COLLECTIF. « Un pour tous, tous pour un ! », voilà comment je résumerais le collectif ! Équipe ou brigade, qu'importe le terme attribué, cuisine et rugby ont pour dénominateur commun d'utiliser le même langage, d'user des mêmes codes d'honneur : l'engagement, le courage, le fair-play, la loyauté… Faire corps avec un groupe pour ne devenir qu'une seule et même entité… Dans un restaurant comme sur un terrain, il faut savoir s'entourer de personnes compétentes mais surtout prêtes à « mouiller le maillot » pour la communauté. Chaque poste est essentiel et il ne faut sous-estimer personne : le plongeur comme le serveur sont tout aussi importants que le chef. Quand un collectif est mû par la même énergie et travaille en harmonie, tout est possible. Un esprit individualiste n'a pas sa place, il fausserait l'ensemble. Seul un groupe soudé est apte à toucher l'excellence.

BRIGADE / ÉQUIPE : MÊME ÉTAT D'ESPRIT. Un proverbe africain dit : « Tout seul on va plus vite, mais ensemble on va plus loin », c'est une philosophie qui résume parfaitement l'état d'esprit exigé ; et on ne peut qu'être frappé par la similitude entre le fonctionnement d'une équipe et celui d'une brigade. Nous sommes comme des « compagnons du devoir » avec une notion de confiance mutuelle pour la réussite de tous.

DÉMARCHE PHILOSOPHIQUE : DONNER UN SENS À CE QUE L'ON FAIT. Quand j'étais ado, je me fichais de tout. Je suis tombé dans le monde du rugby par hasard et par l'entremise d'un copain ! Au-delà de la démarche physique évidente, j'ai été séduit par cet esprit qui inclut des notions humanistes fondamentales, telles que l'écoute, l'entraide, le soutien, et l'envie de rendre les gens heureux ! En pratiquant le rugby, j'ai pu me découvrir et réaliser quelle était ma vocation, tout en restant fidèle à ma passion pour ce sport. Si, pour l'entraîneur, l'objectif ultime est de monter dans les classements, il en est de même pour un chef : le besoin de satisfaire ses mentors et ses clients. Dans les deux cas, le défi est identique : se faire plaisir et offrir du bonheur.

DISCIPLINE & MOTIVATION MENTALE. J'ai managé mes brigades comme je l'ai vécu au rugby. J'ai imposé des entraînements qui pouvaient parfois passer pour des séances de torture – il est inutile de se leurrer : sans une certaine soumission face à l'exigence, impossible d'envisager une quelconque satisfaction. Si l'entraînement physique des joueurs de rugby est très rude, il est tout aussi psychologique. Il faut accepter les réprimandes car elles sont constructives. Les critiques nous font avancer, évoluer et nous dépasser.

CHEF DE BRIGADE OU CAPITAINE D'ÉQUIPE : TOUT REPOSE SUR LES ÉPAULES DU LEADER. Le chef est déterminant pour révéler la potentialité de chaque intervenant. Il faut les bons mots pour motiver – et pour panser les maux (physiques et moraux). Il faut apprendre à gérer le stress pour faire face aux situations délicates, et sans se démonter. Être chef, c'est devoir s'imposer la sévérité, tout en jonglant avec l'empathie et la magnanimité. Insuffler courage, détermination, afin que chacun donne le meilleur. C'est par l'entraîneur que l'équipe acquiert confiance, force et volonté. Le chef, c'est le point de jonction, celui sur lequel tout repose ; il doit se montrer sévère, mais humain. Un leader se doit de maintenir le niveau et, pour rester au top, doit aussi se sacrifier ; c'est parfois épuisant mais c'est enrichissant, épanouissant, pour lui-même et… pour tous !

LA NOTION DE MIXITÉ : « INGRÉDIENT » ESSENTIEL. Équipe ou brigade, dans les deux cas, l'objectif est de créer une unité qui évolue en harmonie, et il est nécessaire d'accepter les différences culturelles, politiques et religieuses. Non seulement la mixité est un élément clé, mais la tolérance l'est tout autant : les préjugés raciaux ou sociétaux n'ont pas leur place. De plus, le « métissage » est source de magie et d'inédit.

RESPECT. Qu'on soit sur un terrain ou en cuisine : c'est un code d'honneur ! Loyauté envers nos anciens qui nous ont légué leurs savoirs et sans lesquels nous ne serions rien. Un héritage culturel que nous devons transmettre aux nouvelles générations, et avec les mêmes principes qui nous ont été enseignés.

L'ÉTHIQUE : INTÉGRITÉ ET FAIR-PLAY ! Rester impartial envers et malgré tout, face aux critiques gastronomiques comme face aux défaites. L'honnêteté et la probité sont indissociables ; on ne peut surjouer ou faire semblant ! Le chef comme l'entraîneur repère assez vite le mensonge ou la mauvaise foi ; on se montrera magnanime une fois, pas deux ! Sévère mais juste.

Rugby et bonne chère sont deux univers intimement liés, caractérisés par les mêmes valeurs. Notre gastronomie est indéniablement l'un des fleurons de notre identité culturelle.

LA FAMEUSE « 3e MI-TEMPS ». Je me souviens que Claude Nougaro, fan de rugby et grand gourmet, disait : « Je ne suis qu'un joueur de troisième mi-temps. » On ne peut douter de l'importance d'une bonne entente entre collègues et, si ce rituel est inaliénable au rugby, on s'impose aussi une pause en cuisine, juste avant le coup d'envoi, ou avant de fermer le rideau… L'objectif est identique : resserrer les liens, avec le bénéfice d'assurer un travail plus efficace avec une brigade rassérénée ! Ce rite de s'unir autour d'un verre ou d'un plat, c'est une tradition. Celle de se congratuler, se réconforter, communiquer, rire et parfois pleurer, se confier, en un mot : fraterniser !

LA TABLE : SYMBOLE D'UNION. Depuis mon enfance, la table a toujours eu une symbolique extrêmement importante : celle de la réunion, du rassemblement. Elle est le cœur du foyer, lieu d'échanges et de confidences. Elle est bien plus qu'un support matériel où l'on mange de bons petits plats, c'est un support spirituel : la table nourrit l'esprit car elle est épicentre de communication. En effet, s'asseoir à table, c'est d'abord faire honneur à la/au cuisinier(ère), profiter des siens ; et, dans un monde où la notion T-temps est devenue un luxe, c'est essentiel ! La table a toujours été un lieu communautaire, depuis la nuit des temps, dans toutes les cultures. Des banquets du Moyen Âge jusqu'à nos jours, elle symbolise le contact. Dans mon restaurant, j'ai toujours eu plus de plaisir à m'asseoir avec mes clients qu'à rester debout à leurs côtés ! J'estime que prendre le temps de s'asseoir indique prendre le temps de les écouter ! S'asseoir implique le rapprochement, la rupture des différences sociales, l'égalité de tous. Combien de couples ai-je vus se réconcilier, partir sur de nouvelles bases, faire « table rase » des griefs et des conflits ! Combien d'hommes politiques de divers partis se sont entendus autour d'un bon plat… je ne saurais le dire ! J'en ai tellement vu dans mon restaurant et ce que je sais, c'est que la table a une dynamique d'union ! Dans le contexte d'un banquet avant/après match, elle devient lieu de stratégie, de rires, de colère, et même si l'entraîneur doit « taper du poing – sur la table », même s'il impose de « jouer cartes sur table », l'idée est de comprendre, d'écouter et, surtout : de rassembler ses joueurs ! La « Table ronde » reste symbolique des chevaliers, alors vive la table ovale pour nos XV !

STADES MYTHIQUES / TABLES DE LÉGENDE ! Il y a des stades qu'on se doit de « vivre » ! Murrayfield à Édimbourg, Twickenham à Londres, l'Arm's Park à Cardiff, l'Eden Park à Auckland, Ellis Park Stadium à Johannesburg... J'ai traversé la terre entière pour m'imprégner de l'atmosphère si particulière et tellement différente de ces temples mythiques car j'estime qu'aucune distance ne peut freiner un vrai passionné... et il en est de même pour la gastronomie ! J'ai effectué une sorte de « pèlerinage » aux quatre coins du globe pour découvrir des restaurants et des chefs qui attisaient ma curiosité, afin de comprendre leur philosophie et découvrir les saveurs d'une cuisine qui défiait les chroniques et les critiques gastronomiques. Mes plus grandes expériences culinaires : elBulli à Roses (Catalogne) ; Noma à Stockholm ; The French Laundry en Californie ; Le Cirque à New York ; Ultraviolet à Shangaï ; La Grenouillère à La Madelaine-sous-Montreuil et Les Prés d'Eugénie à Eugénie-les-Bains.

ESSAIS HISTORIQUES / LES PLATS QUI M'ONT « PLAQUÉ AU SOL » ! Si je devais n'en retenir que deux : l'essai mémorable de Jean-Luc Sadourny le 3 juillet 1994 à l'Eden Park ; et celui de Gareth Edwards avec les Barbarians britanniques contre les All Blacks en 1973 à Cardiff. Inoubliables ! Tout comme le choc ressenti avec le fameux « Saumon à l'oseille » des frères Troisgros que j'ai dégusté pour la première fois en 1980 dans leur restaurant à Roanne... Et le « Lièvre à la royale » de Gérard Besson dans son restaurant de la rue du Coq-Héron, qui m'a littéralement bouleversé.

Et enfin, si les analogies sont nombreuses, n'oublions pas le jargon...

"Oh la belle cocotte !", "bouchon", "caramel", "champagne", "une salade de phalanges", "cuillère", "fourchette", "le cochon est dans le maïs", "jouer avec ses tripes", envoyer un joueur "au frigo", "entame" (d'un match) ; "désosser" (son

adversaire) ; "coup d'envoi" (en cuisine comme sur le terrain) ; "chou-fleur" (et tous les coups tels : prunes, poires, marrons, et j'en passe !), "une bouffe" pour dire une baffe (un soufflet !), "ballon brûlant" ou "patate chaude", "vendanger" !

Troisième mi-temps, années 1960.

AVANT-PROPOS
PAR YVES CAMDEBORDE

Le but du jeu

Réaliser des recettes savoureuses, conviviales, généreuses, audacieuses – à déguster en duo ou à quinze – sans crainte de passer sa journée ou sa soirée aux fourneaux. Pour ne pas perdre une miette d'un match ou vous sentir lésé de ne pouvoir profiter pleinement de la présence de vos convives, je vous propose ici des recettes rapides et gourmandes qui charmeront tous les palais ! Une trentaine de plats qui réjouiront les gourmands, les exigeants, les épicuriens, les fines bouches, les curieux, les sportifs, les fines gueules, les enfants, les becs sucrés et les gourmets. Satisfaction garantie pour tous. En m'inspirant des plats proposés lors des grands banquets historiques dédiés au rugby, j'ai sélectionné des recettes en les réinterprétant à ma façon, et en veillant à réduire les paramètres T-temps et D-difficulté. Aussi, même si un long descriptif pour certaines vous laisse à penser qu'elles sont complexes, ce n'est qu'une apparence trompeuse car chacune a été réfléchie, réalisée avec toute la stratégie qu'elle mérite... comme au rugby ! La plupart peuvent se réaliser la veille ou se préparer le temps... d'une mi-temps ! Ce critère essentiel vous apportant ainsi la sérénité de profiter pleinement de vos proches, et sans rater un seul essai ! Compte tenu du sujet de cet ouvrage dédié à l'univers de l'Ovalie, la cuisine est ici un jeu dont les deux règles sont : gourmandise et partage. Avec amour et générosité comme ingrédients de base ! Avec ces recettes, soyez assurés de propager du bonheur ; tout autant que celui propagé par une victoire de l'équipe de France. Aussi et pour conclure, je n'ai que deux conseils : cuisinez avec votre cœur et croquez ces instants précieux avec délectation, sans modération et à pleines dents !

PAR OLIVIER MARGOT

Finale du championnat de France
Olympique de Paris : 12 – Stade français : 0

L'Olympique de Charcot

20 décembre 1896

Salon du restaurant Lemardelay. Au menu du banquet : sangliers et poulardes !

BANQUET D'APRÈS-MATCH AU RESTAURANT LEMARDELAY À PARIS

L'Olympique de Paris.

Jean Charcot.

Jean Charcot est l'un des pionniers du football-rugby en France. Élève de cinquième à l'École alsacienne, ce berceau du sport français, il fonde avec quinze camarades une société scolaire. Cent trente cartes de membres sont imprimées, un an avant que le Racing Club de France (RCF) ne soit fondé. Cette société porte un nom qui peut surprendre : « Les Sans-nom ». Bientôt, Charcot sera connu du monde entier. Car c'est bien ce futur savant, célèbre spécialiste des travaux océanographiques dans les régions polaires : Charcot qui disparaîtra en

1936 à bord du *Pourquoi pas ?* ; Charcot, ce passionné de rugby, finaliste du championnat de France en 1895, puis champion de France un an plus tard en 1896, dans le pack de l'Olympique, club qu'il a contribué à créer… Interviewé en 1930, voici son témoignage : « *Je suis toujours resté en troisième ligne, côté droit. Ce poste que j'aimais, je ne l'ai pas quitté quand, plus tard, je suis passé au Racing. Avec une fraction dissidente, nous avions un jour formé l'Olympique qui battit les meilleures équipes, jusqu'à l'université d'Oxford. Nous portions un maillot blanc avec un O noir encadré d'ailes de Walkyries rouges ! En 1896, je jouais encore. J'étais alors étudiant en médecine, peut-être même chef de clinique. Mon souvenir le plus cher, c'est celui du temps où mes camarades me hélaient : "Hello Sailor !" à cause de mon béret de marin.* »
1896, donc. L'Olympique bat le Stade français par 12 à 0, en finale d'une poule réunissant l'Olympique, le Stade français, le Racing CF, le Cosmopolitan Club et l'US de l'Est. Charcot a joué pilier droit !
Bien sûr, c'est un autre temps. Cet extrait du règlement en est la preuve : « Toute faute commise contre un joueur ne peut être sifflée par l'arbitre que si le joueur crie "faute" et lève la main. » Le temps aussi des banquets pantagruéliques. Qu'on en juge : huîtres, truite saumonée à la russe, filet de bœuf, poulardes et faisans rôtis, tous les fromages, tous les desserts, assortis aux meilleurs vins de France et aux meilleurs alcools ont été proposés aux convives lors du banquet d'après-match donné après la victoire de l'Olympique de Paris face au Stade français, au restaurant Lemardelay à Paris.
Banquet qui n'est pas sans rappeler celui donné quelques années plus tôt, en 1892, à l'occasion du congrès célébrant le cinquième anniversaire de l'Union des sociétés françaises des sports athlétiques (USFSA) – fondée par le Stade français et le Racing – dont Pierre de Coubertin est

Le temps aussi des banquets pantagruéliques. Qu'on en juge : huîtres, truite saumonée à la russe, filet de bœuf, poulardes et faisans rôtis, assortis aux meilleurs vins de France !

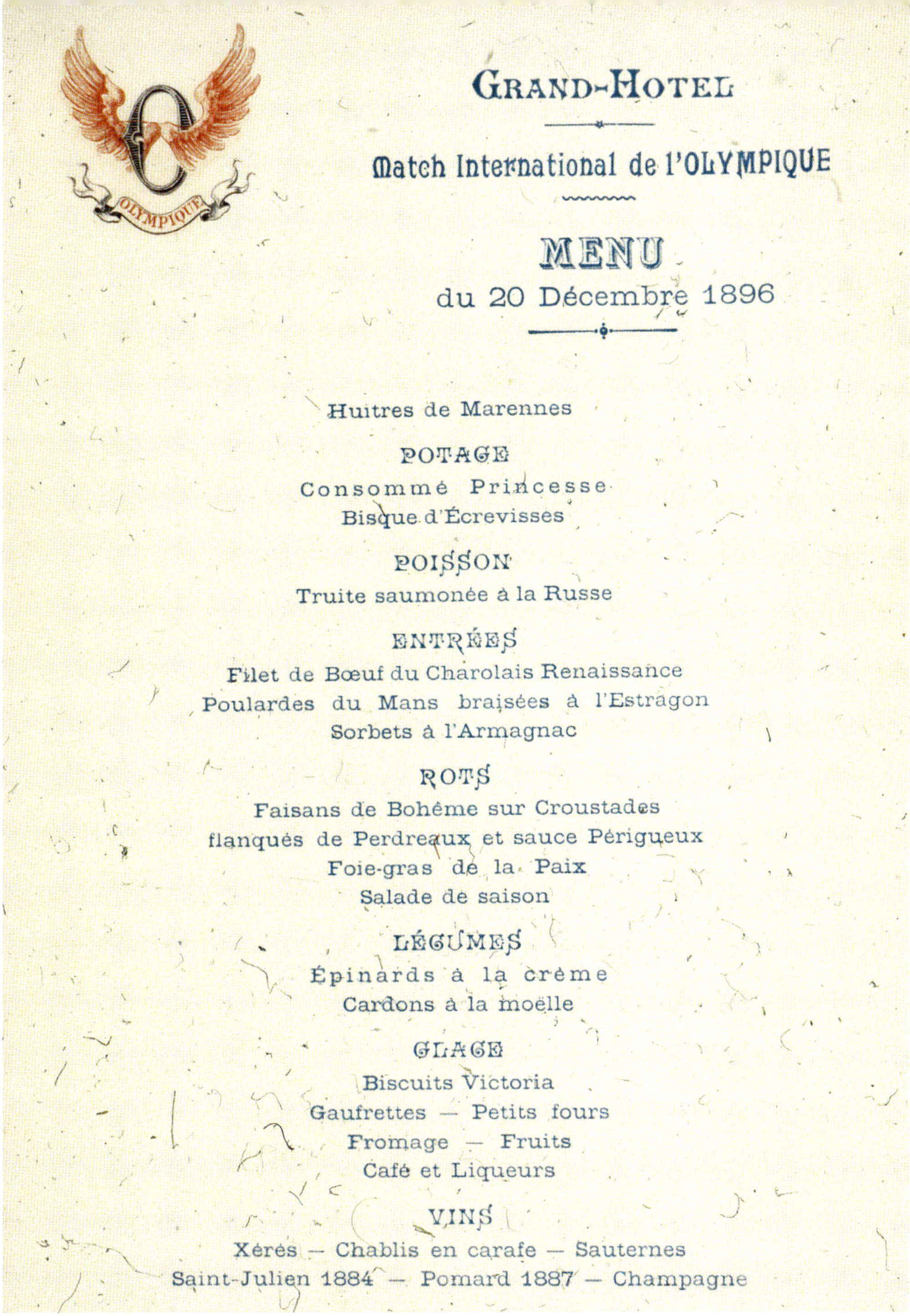
GRAND-HOTEL

Match International de l'OLYMPIQUE

MENU
du 20 Décembre 1896

Huitres de Marennes

POTAGE
Consommé Princesse
Bisque d'Écrevisses

POISSON
Truite saumonée à la Russe

ENTRÉES
Filet de Bœuf du Charolais Renaissance
Poulardes du Mans braisées à l'Estragon
Sorbets à l'Armagnac

ROTS
Faisans de Bohême sur Croustades
flanqués de Perdreaux et sauce Périgueux
Foie-gras de la Paix
Salade de saison

LÉGUMES
Épinards à la crème
Cardons à la moëlle

GLACE
Biscuits Victoria
Gaufrettes — Petits fours
Fromage — Fruits
Café et Liqueurs

VINS
Xérès — Chablis en carafe — Sauternes
Saint-Julien 1884 — Pomard 1887 — Champagne

devenu secrétaire général. C'est d'ailleurs à l'occasion de ce congrès que Coubertin prononcera le discours fondateur de la rénovation des Jeux olympiques. L'atmosphère des réunions et des banquets est alors très patriotique et même militaire, la devise de l'Union étant : « *Ludus pro patria* », soit : « *Le jeu pour la patrie* ».

Tartare d'huîtres et Saint-Jacques

Ingrédients

6 huîtres
6 noix de saint-jacques
2 kumquats
1 oignon nouveau
1 échalote
1 cuillère à café de ciboulette
1 citron jaune
1 citron vert pour les zestes
12 cl de crème fleurette
Piment d'Espelette
1 cuillère à café de graines de tournesol torréfiées

Pour le dressage

1 poignée de gros sel
graines de pavot
eau

Préparation :

- ***Ouvrir les huîtres puis extraire les chairs – réserver les coquilles qui seront utilisées pour le dressage –, puis couper les chairs en gros cubes.***
- ***Couper les Saint-Jacques en gros cubes.***
- ***Mettre les Saint-Jacques et les huîtres à égoutter dans une petite passoire.***
- ***Tailler la peau des kumquats en fins bâtonnets.***
- ***Peler un citron jaune à vif et le couper en petits cubes – garder sa peau.***
- ***Émincer finement l'oignon nouveau et l'échalote.***
- ***Ciseler la ciboulette.***
- ***Dans un saladier, monter délicatement 12 centilitres de crème fleurette en chantilly afin de créer une texture aérienne et souple puis l'assaisonner d'une pincée de piment d'Espelette.***
- ***Incorporer les petits cubes d'huîtres et de noix de Saint-Jacques à la ciboulette ciselée ; ajouter les émincés d'oignon nouveau et d'échalote, les cubes de citron et quelques bâtonnets de kumquats***
- ***Réserver une petite portion pour le dressage.***
- ***Ajouter la crème chantilly et mélanger délicatement.***
- ***Servir avec une salade verte bien vinaigrée ; cette omelette n'en sera que plus gourmande !***

Dressage :

- ***Bien nettoyer les coquilles d'huîtres.***
- ***Dans un petit bol, mélanger le gros sel avec de l'eau et des graines de pavot.***
- ***Dresser des tas au cœur d'un joli plat et déposer les coquilles d'huîtres.***
- ***Dans chaque coquille, verser une généreuse cuillerée de tartare puis planter quelques bâtonnets de kumquats dans chaque portion.***
- ***Ajouter les graines de tournesol torréfiées et les zestes du citron vert.***
- ***Déguster sans attendre !***

Conseil du chef : Pour des raisons de réglementation la Saint-Jacques est un mollusque que l'on déguste en hiver ; cela étant, vous pouvez les acheter en début de saison et les congeler quelques mois car elles supportent parfaitement la congélation. Comme variante, sachez que, de mars à juillet, vous pouvez opter pour des pétoncles.

PAR OLIVIER MARGOT

Nord : 9 – Sud : 3

Nantes, terre de rugby

1er décembre 1912

BANQUET EN L'HONNEUR DE HENRI-GABRIEL GUIST'HAU

Henri-Gabriel Guist'hau, maire de Nantes de 1908 à 1910.

Une équipe de rugby en 1912 au Parc des sports de Nantes, quelques mois avant le match Nord-Sud.

Le rugby a eu la faveur des Nantais bien avant le football, dont le nom originel était « football association » pour le distinguer du « football rugby ». Le rugby est le sport à la mode en 1912. Une preuve, quasi irréfutable : le lycée de Nantes est une pépinière de rugbymen. L'équipe du Stade nantais (lycée de Nantes), maillot à larges rayures, a été championne de France interscolaire 1906-1907. Plus de vingt équipes de rugby sont implantées dans la cité des ducs de Bretagne avant que ne se déclenche la première guerre mondiale. La multiplication des équipes, des minimes aux vétérans, élargissant la base générationnelle, révèle s'il en était besoin l'intérêt grandissant pour ce sport à nul autre pareil. Construire un stade devient nécessaire. L'appui de Henri-Gabriel Guist'hau, maire de Nantes de 1908 à 1910, membre du gouvernement à

MENU

Médicis
Crème Fontange

Turbans de Soles Dieppoises

Filet de Bœuf Varsovienne

Poulardes Piquées, Cresson
Salade

York a la Néva

Petits Pois Bretonne

Bombe Éphémère

Fruits Frais

Gateaux

Vins

Médoc - Vallet
Chateau Batailley 1908
Chateau Montrose 1908
Champagne

Café - Fine

Le menu du banquet : avant le bœuf, les poulardes et la sole, la crème Fontanges à découvrir en double page suivante selon la recette d'Yves Camdeborde.

plusieurs reprises, sera tout sauf négligeable.

Nous sommes au début du XXe siècle et, pour constituer l'équipe nationale, on doit organiser des matchs de sélection : un match Nord-Sud met à l'épreuve les meilleurs joueurs issus d'équipes du Nord et du Sud de la France. Le 1er décembre 1912, au Parc des sports de Nantes, le Nord l'emporte par 9 à 3. À cette occasion, un banquet est donné en l'honneur de Gabriel Guist'hau, ministre de l'Instruction publique et des Beaux-Arts. C'est une des premières fois qu'un ministre assiste officiellement à un match de « football-rugby ».

Gabriel Guist'hau a occupé la fonction de maire jusqu'en 1910, préférant démissionner à la suite de son entrée au gouvernement – d'abord au poste de sous-secrétaire d'État à la Marine. D'autres hommes ont joué un rôle considérable dans le rugby nantais. Pascal Laporte est le plus connu au point d'être considéré comme le promoteur du rugby à Nantes. Laporte, trois-quarts centre, est l'un des rares Français à avoir joué deux ans à Liverpool. Il a surtout été le capitaine du Stade bordelais université club (SBUC). En 1900, le SBUC a été vaincu en championnat par le Racing 37 à 3,

Laporte ayant marqué le seul essai bordelais ; puis il a frôlé la victoire, défait par le Racing (6-0), en 1902.
Mais en 1904, le Stade bordelais l'emporte 3 à 0 contre le Stade français et devient champion de France. L'année suivante, le 16 avril 1905, avec Laporte placé à l'aile droite, le Stade bordelais conserve là encore son titre de champion de France en dominant le Stade français : 12 à 3 ! La fête continue en 1906, le Stade bordelais, avec Laporte, terrassant le Stade français au Parc des Princes 9-0 et récidivant en 1907, toujours avec Laporte cette fois trois-quarts centre et auteur impitoyable du quatrième essai : 14-3.
Impossible naturellement d'oublier Alfred Éluère, qui a découvert le rugby au Stade nantais université club, dont son père a été président. Après la guerre, il a quitté Nantes pour le Sporting club universitaire de France (SCUF). Éluère, grand personnage, athlète complet formé à Nantes, fut président de la FFR de 1942 à 1952 ainsi que du Conseil national des sports de 1947 à 1966.

Nantes, terre d'ovalie. Pendant la « Grande Guerre », la Coupe de l'Espérance a remplacé le championnat de France. Le 29 avril 1917, le Stade nantais université club remporte cette deuxième Coupe de l'Espérance en dominant le grand Stade toulousain par 8 à 3. Pour toute la région nantaise, c'est un jour immense, un jour pour toujours. Passionnée de sport, la ville de Nantes a su multiplier les infrastructures nécessaires. Le 14 juillet 1895, un premier vélodrome a été inauguré, à Beauséjour où évolue le Snuc. Un second a vu le jour en août 1897, le vélodrome de Longchamp, capable d'accueillir de 4 000 à 8 000 spectateurs. En juin 1912, une nouvelle enceinte sportive a été inaugurée à proximité du centre-ville : le stade vélodrome du Parc des sports, dont la piste cimentée de 400 mètres entoure un terrain gazonné, lequel est dévolu notamment au jeu de rugby en pleine expansion. Nantes, terre de rugby !

La crème Fontanges : le petit pois sublimé par l'oseille

Ingrédients

300 g de petits pois écossés (crus ou congelés)
1 botte d'oseille
1 botte de persil
30 cl d'eau (minérale ou filtrée)
250 g de crème fleurette
3 g de sel
1 g de piment d'Espelette
1 g de poivre noir en grains (passés au pilon)
Graines de tournesol torréfiées
Huile d'olive

Mots du chef : Un noble sport implique un noble mets ; mais ne vous méprenez pas, cette crème de petits pois est tout simplement… renversante. Oui, il suffit parfois de deux simples ingrédients pour réaliser l'Excellence. La Fontanges, c'est d'abord un régal pour les yeux par un vert printemps lumineux ; c'est ensuite l'été qui explose en bouche par la saveur délicate des pois mariés à l'oseille. Pour la petite note historique qui révèle bien sa noblesse : le "potage Fontanges" fut créé en l'honneur d'une des maîtresses favorites de Louis XIV – la duchesse de Fontanges – et le roi était fou amoureux de cette crème ; tout autant que sa dulcinée ! Cette recette fut ensuite réalisée par le chef Adolphe Dugléré – élève de l'illustre Carême – lors de l'Exposition universelle, pour le grandiose « Dîner des Trois Empereurs », le 7 juin 1867, au Café Anglais à Paris. La Fontanges, c'est la victoire assurée d'un très grand moment gourmand ! Bon appétit !

Préparation :

- ***Dans une casserole d'eau bouillante salée, plonger les petits pois et les faire cuire à petite ébullition 10 minutes pour une texture*** **al dente.** ***Une fois cuits, les plonger immédiatement dans un récipient d'eau glacée afin de préserver leur beau vert.*** **(*Garder de côté une dizaine de pois pour le dressage.*)**
- ***Effeuiller le persil*** **(*réserver quelques feuilles pour le dressage*)*, puis le plonger dans une seconde petite casserole d'eau bouillante salée pour une cuisson de 3 minutes.***
- ***Égoutter et bien presser le persil afin d'en extraire toute l'eau ; réserver.***
- ***Déposer la botte d'oseille dans un cul-de-poule et mixer soigneusement avec une cuillère à soupe d'eau et quelques glaçons ; réserver.***
- ***Dans une dernière casserole, verser les petits pois, la crème fleurette, le persil cuit et pressé, puis assaisonner de sel, piment d'Espelette, poivre et porter à ébullition.***
- ***Extraire du feu dès les premiers frémissements et mixer la crème jusqu'à obtenir une harmonieuse texture onctueuse, verser l'oseille et mixer à nouveau quelques secondes.***

Dressage :

Dans une jolie soupière (ou bol individuel), verser la crème, décorer des pois mis de côté, de feuilles de persil entières, des graines de tournesol et d'un ultime trait d'huile d'olive.

Conseil du chef : *Choisissez vos petits pois avec attention. Ceux-ci doivent se présenter dans une cosse lisse, verte et brillante. Goûtez-en un cru, il doit être tendre avec une légère saveur sucrée – et surtout pas farineux. Je me permets de souligner que les pois congelés présentent bien des avantages car, au-delà d'un barbant écossage, les valeurs nutritionnelles sont tout autant conservées. Par ailleurs, si l'argent n'a pas d'odeur, l'oseille, elle, a une sacrée saveur.*
À l'achat, assurez-vous qu'elle est d'un vert franc et bien luisant. Il faut la cuisiner sans attendre car elle ne se garde pas longtemps.

PAR OLIVIER MARGOT

France : 5 – Afrique du Sud : 38

Impitoyables Afrikanders

11 janvier 1913

Back row: S. N. Cronje (T.), A. S. Knight (T.), E. McHardy (0.F.S.), T. van Vuuren (E.P.), P. G. Morkel (W.P.), J. J. Meintjies (G.W.), G. Thompson (W.P.).
Second row: J. D. Luyt (E.P.), S. H. Ledger (G.W.), J. A. Francis (T.), A. van der Hoff (T.), J. Stegmann L. Louw (W.P.) G. M. Wrentmore (W.P.), J. Morkel (W.P.).
Third row: E. Delaney (G.W.), W. H. Morkel (W.P.), D. F. T. Morkel (T.), W. A. Millar (W.P.) (capt.), Max Honne (T.) (manager), F. J. Dobbin (G.W.), R. R. Luyt (W.P.), J. S. Braine (G.W.), E. H. Shum (W.P.).
In front: W. J. Mills (W.P.), W. A. Krige (W.P.), J. D. McCulloch (G.W.), J. H. Immelman (W.P.), F. P. Luyt (W.P.)

BANQUET D'APRÈS-MATCH AU CAFÉ DE BORDEAUX

Le français Maurice Bruneau, dit "la souris" va se heurter au gabarit hors norme des Springboks... Ci-dessous : l'un des quatre frères Morkel, qui va faire des ravages face au XV de France.

Les rugbymen sud-africains ont débarqué en Grande-Bretagne. Ni l'Écosse, ni l'Irlande, ni le pays de Galles n'ont pu leur marquer le moindre essai. Seule l'Angleterre est parvenue à franchir la ligne d'en-but. Les Springboks ont marqué 66 points pour 3 points concédés, quelque chose d'un raz-de-marée. Leur puissance fait peur.

Le match France-Afrique du Sud, premier du genre, doit se dérouler à Bordeaux le 11 janvier 1913, événement majeur. Afin d'accroître sa contenance, le terrain du Bouscat est spécialement aménagé. Reste la crainte d'une rupture après qu'au Parc des Princes un jet de pierre a touché à l'œil l'arbitre M. V.W. Baxter durant la rencontre France-Écosse (3-21) du 1er janvier. Les Springboks vont-ils tout annuler ? Heureusement, l'Anglais M. Williams accepte d'être l'arbitre.

La fièvre s'empare de Bordeaux. Les places s'arrachent, on débourse 30 francs pour une place de tribune tarifée 10 francs. Les tramways sont pris d'assaut. 20 000 spectateurs envahissent le Bouscat – ils laisseront une recette de 27 610,30 francs. C'est énorme.

On rafistole à la hâte l'équipe de France, la différence de gabarits au combat fait craindre le pire. Les Boks sont plus grands, plus lourds, plus rapides. Les quatre frères Morkel vont faire des ravages : W.H Morkel mesure 1,88 mètre, pèse 94 kilos. Du jamais-vu pour l'époque, tout comme la pratique du *up and under*, sueurs froides garanties...À la mi-temps, les Boks ne mènent que 11 à 5, un exploit.

Les deux équipes réunies avant le choc.

Face aux Français, les Springboks imposent leur gabarit sur le terrain, le 11 janvier 1913 à Bordeaux.

Maurice Bruneau, dit « La Souris », a marqué un essai, transformé par Géo André. 38 à 5 au final, soit 8 essais, 4 transformations et 1 but. L'arbitre est porté en triomphe, les Afrikanders en maillots verts, culottes noires, bas bleus, se congratulent. Pour qu'un Français marque à nouveau un essai aux Springboks, il faudra attendre 1964 et l'envolée de Christian Darrouy ! Marc Giaccardy écrit dans *L'Auto* : « Jamais je n'ai vu un match aussi dur, et pas un instant un Sud-Africain n'a donné le moindre signe de fatigue. » Les Boks de 1912-1913 sont la première équipe en tournée à réussir le Grand Chelem : cinq tests victorieux, 101 points contre 8, une performance historique.

Après cette glorieuse défaite, un banquet réunit dans la soirée les deux équipes au Café de Bordeaux. Le dîner est succulent, qu'on en juge : crème santé ; filets de soles Joinville ; côtelettes d'agneau ; cœur de filet de bœuf béarnaise Villeroy ; poulardes du Mans truffées ; pâté de foie gras à la gelée ; salade saison ; endives braisées à la moelle ; biscuit glacé Café de Bordeaux ; desserts. Les vins du Nouvel Hôtel sont

admirables : Médoc et Graves – Château-Guiraud 1904, Saint-Georges Montagne 1904, Branaire-Ducru 1906, Pape-Clément 1904, Gruaud-Larose Sarget 1900 ; champagne Heidsieck sec ; café ; liqueurs.
L'heure des toasts est venue. M. Maxwell, président du comité Côte d'Argent, porte un toast au président de la République et au roi d'Angleterre. Puis les deux capitaines, MM. Millar et Leuvielle (frère du cinéaste Max Linder), se font applaudir, ainsi que Charles Brennus, président de la Commission centrale de Rugby, et Frantz Reichel, secrétaire général de l'Union des sociétés françaises de sports athlétiques. M. Chevalet enfin, représentant Raymond Poincaré, président du Conseil, clôture au mieux la série des discours.

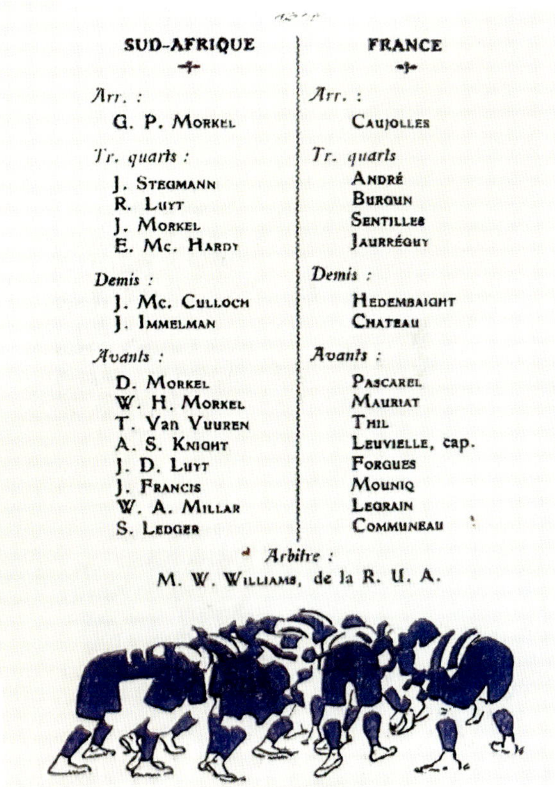

SUD-AFRIQUE	FRANCE
Arr. :	*Arr. :*
G. P. Morkel	Caujolles
Tr. quarts :	*Tr. quarts*
J. Stegmann	André
R. Luyt	Burgun
J. Morkel	Sentilles
E. Mc. Hardy	Jauréguy
Demis :	*Demis :*
J. Mc. Culloch	Hedembaight
J. Immelman	Chateau
Avants :	*Avants :*
D. Morkel	Pascarel
W. H. Morkel	Mauriat
T. Van Vuuren	Thil
A. S. Knight	Leuvielle, cap.
J. D. Luyt	Forgues
J. Francis	Mouniq
W. A. Millar	Legrain
S. Ledger	Communeau

Arbitre :
M. W. Williams, de la R. U. A.

Couverture du menu du banquet d'après match : au menu – entre autres ! – de l'agneau à retrouver en double page suivante revisité par Yves Camdeborde.

Petites brochettes d'agneau et poivrons marinés au lait de coco et gingembre

Ingrédients

1 filet d'agneau dégraissé
½ poivron vert
½ poivron rouge
1 tête d'ail
10 cl de lait de coco
1 cuillère à café de poudre de curry
1 cuillère à café de gingembre frais
Huile d'olive
Sel
Poivre noir
Piment d'Espelette

Pour le montage

1 belle tranche de pain de maïs ou de campagne
1 gousse d'ail
1 tomate
Mini-brochettes en inox ou en bois

Mots du chef : Les Springboks sont des durs à cuire et l'équipe sud-africaine n'a pas été tendre avec la France lors de ce match historique. Oublions cette violente et amère défaite par la tendresse et la saveur de l'agneau. Ces petites brochettes moelleuses et savoureuses seront assurées d'un grand succès. La crème de coco de la marinade a la particularité d'attendrir davantage la viande et de l'enrober d'une saveur divine – doublement savoureuse par le rajout du gingembre râpé. Accompagnées d'un pain aillé tartiné d'un coulis de tomates, ces brochettes vont enchanter vos papilles ! Confectionnée la veille, cette recette vous laissera ainsi le privilège de profiter pleinement de vos amis. Bon appétit !

La veille

- ***Marinade d'agneau : Découper le filet en cubes et les déposer dans un grand saladier, verser le lait de coco, assaisonner d'une pincée de sel, de poivre, d'une cuillère à café de curry et d'une cuillère à café de gingembre épluché et coupé très finement ; mélanger soigneusement. Recouvrir de film alimentaire et laisser mariner au réfrigérateur toute la nuit.***
- ***Marinade de poivrons : Découper vos poivrons en cubes puis les verser dans un saladier, assaisonner d'huile d'olive, d'une pincée de piment d'Espelette, de sel et poivre noir, recouvrir de film alimentaire et déposer au frais.***

Le lendemain

- ***Réaliser les brochettes en alternant les morceaux marinés d'agneau puis des poivrons.***
- ***Dans une grande poêle bien chaude graissée d'une cuillère à café d'huile d'olive, faire toaster le pain côté mie. Le frotter ensuite avec une tête d'ail coupée puis réserver.***
- ***Faire rissoler la seconde gousse d'ail dans la même poêle (sans la laver), déposer les brochettes dans la poêle pour les griller très rapidement de chaque côté.***
- ***Couper la tomate en deux et réaliser un coulis à l'aide d'une râpe à légumes - côté gros grains.***
- ***Tartiner le pain du coulis de tomate.***

Dressage :

Piquer les brochettes dans le pain qui sert ici de support gourmand (et qui sera dévoré, sans en laisser une miette). Avant de servir, enfourner votre tranche de pain piquée des brochettes 2 minutes à 180 degrés.

PAR OLIVIER MARGOT

Galles : 3 – France : 8

Les Gallois enfin vaincus

9 avril 1928

BANQUET D'APRÈS-MATCH
À L'HÔTEL DU PALAIS D'ORSAY

Yves du Manoir et son terrible accident d'avion qui lui coûta la vie.

Pour le rugby français, 1928 est une année tragique et merveilleuse. Yves du Manoir, aviateur et polytechnicien, s'égare ce 2 janvier dans l'épais brouillard de la campagne berrichonne. Il veut être pilote, lui qui rêve d'être le premier à traverser l'Atlantique. Dans cette purée de pois, il lui faut descendre encore pour se repérer, quand la queue de son Caudron vient à heurter un peuplier haut de 4 mètres. Le choc est effroyable. L'appareil se plante en terre verticalement, tel un drapeau. Éjecté à quelques dizaines de mètres de la gare de Reuilly, Du Manoir respire encore, mais il a la colonne vertébrale brisée...

Le 7 janvier 1928, ils seront plus de trois mille, derrière trois chars funèbres submergés de fleurs, à accompagner Yves du Manoir de l'église d'Auteuil au cimetière du Père-Lachaise. Jamais encore un champion n'avait reçu un tel hommage. Il avait 23 ans.

9 avril 1928. Le banquet de France-Galles a lieu à l'hôtel du palais d'Orsay, en soirée. Sur l'image du menu croqué en vert et jaune, deux sauteurs en touche longue se disputent le ballon. Surgissent des agapes des plus sérieuses : petite marmite, truite saumonée froide à la parisienne, cœur de filet de bœuf garni aux primeurs, chapon du Mans à la broche, salade, bombe glacée Opéra, gaufrettes, corbeille de fruits, friandises. Le tout arrosé de vins de Graves,

Médoc, Barsac, Côtes-de-Beaune 1919 et de champagne frappé pour le menu sportif ; et, pour l'accompagnement musical assuré par l'orchestre du palais d'Orsay, des extraits des *Noces de Figaro* de Mozart, du *Carmen* de Bizet, de la *Chanson de Printemps* de Mendelssohn, de *Trois jeunes filles nues* de Moretti et de l'incontournable *Ça, c'est Paris* de Padilla pour finir… C'était l'époque où le banquet tenait lieu de troisième mi-temps tout entière.

Bientôt, après avoir rendu hommage à Yves du Manoir, cet inoubliable disparu, Rocyn Jones, président de la Fédération galloise et docteur de son état, prononcera ces mots : « Ah ! si la France continue à jouer avec une telle verve, elle sera bien difficile à battre maintenant. »

Vingt ans que le rugby français attendait de vaincre le pays de Galles. Par ce bel après-midi à Colombes, 45 000 spectateurs étaient venus avec l'espoir que, deux heures plus tard, les défaites et les désillusions seraient oubliées. À Colombes, c'était le printemps du rugby et même l'été des souvenirs. Souvenez-vous justement de la prédiction à Swansea de Bancroft le Gallois, lequel avait déclaré : « Vous êtes tous des garçons sympathiques, vous battrez un jour l'Écosse, l'Irlande et même l'Angleterre, mais jamais de mon vivant vous ne triompherez du pays de Galles. » Seulement voilà, depuis le match de Swansea en 1910, le XV de

Le 9 avril 1928 les Français terrassent enfin les Gallois : 8 à 3 !

France avait abandonné le jeu de force, privilégiant l'ouverture et le jeu de passes. France-Galles donc, l'esthétique et la gloire… Quel plus bel essai que celui qu'a conçu l'ouvreur Verger, réalisé par Robert Houdet, ailier de poche du Stade français, après une percée magistrale d'Henri Béhotéguy, béret vissé sur le crâne, poursuivi par la meute galloise qui jamais ne le rejoindra. 8 à 3, l'équipe de France a enfin terrassé les Gallois ! Un grand bonheur, un bonheur simple.

Au banquet réunissant Gallois et Français, le nom sacré d'Yves du Manoir revient sans cesse, ainsi que la première radiodiffusion du match Angleterre-Écosse le 17 mars précédent. Le banquet terminé, joueurs et officiels rejoignent le Vélodrome d'hiver afin d'assister aux premiers tours des Six-Jours, invités par le journal *L'Auto*.

L'équipe de France photographiée le 9 avril 1928 juste avant la rencontre contre le Pays de Galles… dont elle sortira vainqueur ! En bas à droite avec son béret Henri Béhotéguy qui fut magistral.

Vapeur de saumon et sa macédoine légèrement acidulée

Réalisation

- *Nettoyer et éplucher vos légumes – ainsi que l'avocat et la pomme Granny –, puis les couper en brunoise (petits cubes). Réserver à part la brunoise d'avocat et celle de pomme qui seront utilisées en fin de recette.*
- *Dans un cuit-vapeur, déposer le pavé de saumon (avec ou sans la peau, selon vos préférences !) et les brunoises – sauf celles d'avocat et de pomme !*
- *Assaisonner de poudre de curry, d'huile d'olive, de sel et de poivre.*
- *Laisser cuire 5 minutes afin que le cœur du saumon reste rosé et les légumes légèrement croquants.*
- *Extraire délicatement le saumon et le déposer dans votre plat de service puis verser par-dessus les dés de légumes, ainsi que les brunoises d'avocat et de Granny.*
- *Parsemer d'aneth ciselé, de cacahouètes très finement concassées et d'un franc jus de citron vert, et terminer par un trait d'huile d'olive.*

Ingrédients

200 g de pavé de saumon
50 g de pommes de terre
50 g de carottes
50 g de haricots verts
50 g d'avocat
50 g de pomme Granny
1/4 de poudre de curry
2 belles cuillères à soupe d'huile d'olive
1 généreuse cuillère à soupe d'aneth ciselé
1 citron vert
1 cuillère à café de cacahouètes très finement concassées
Sel
Poivre

Mots du chef : Un match mythique qui restera gravé dans tous les esprits. Pour célébrer la première victoire contre les Gallois, j'ai volontairement choisi de cuisiner un produit de ma région : le saumon sauvage de l'Adour ! Une chair moins grasse que celle des saumons d'élevage, une saveur délicate exceptionnelle qui ravira le palais des gourmets. Cuisiné ici mi-cuit et accompagné d'une macédoine de légumes croquants et d'un délicat assaisonnement acidulé, ce plat gourmand comblera petits et grands. Un plat savoureux, léger et équilibré, rapide et facile à réaliser, que demander de plus ? Bon appétit !

PAR OLIVIER MARGOT

Paris : 3 – Londres : 16

Telle une bataille de l'enfance

26 novembre 1950

BANQUET D'APRÈS-MATCH DANS
LES SALONS DU CERCLE MILITAIRE DE PARIS

Le stade Buffalo à Montrouge où aura lieu le match (ici lors d'un entraînement).

Ce 26 novembre 1950, le stade Buffalo, situé à Montrouge près de la porte d'Orléans, accueille pour la vingt et unième fois la traditionnelle rencontre Paris-Londres. Rêvant à Buffalo Bill, jamais les enfants n'ont été aussi prompts à accompagner leur père. En attendant que débute la rencontre, les férus de rugby et de sport racontent quelques histoires fortes.

Celle d'Yves du Manoir par exemple, mort dans un accident d'avion alors que sa vie commençait (voir chapitre précédent)... À 23 ans, il avait déjà été capitaine de l'équipe de France, capitaine du RCF, du Quinze de France militaire et, évidemment, capitaine de l'équipe de Paris à chaque Paris-Londres.

Ce 26 novembre n'est pas un jour béni pour le rugby parisien, la victoire londonienne par 16 à 3 ne souffrant aucune contestation. Équilibrée tout d'abord, la rencontre a nettement tourné à l'avantage des Britanniques dans le dernier quart d'heure. Les deux packs ont fourni un énorme travail, quelques joueurs sortant du lot : le blond Richards, Labèque, Huskisson, Beigbeder, Matthews, Fremeaux et surtout Varenne, dit « le Moustachu ». En vingt et une confrontations, il s'agit quand même d'une treizième défaite !

Grande est l'hospitalité du stade Buffalo. Les bières se succèdent. Deux ou trois hommes sont allés au Havre accueillir Ray « Sugar » Robinson, grand amoureux de Paris, boxeur immense, adorant sauter à la corde sur un air de blues... On ne le sait pas encore, mais dans vingt-quatre heures, le coureur cycliste italien Fiorenzo Magni aura parcouru 867,809 kilomètres lors du 25e Bol d'or. Quelle volonté, quel orgueil !

Le Cercle militaire de Paris où aura lieu le banquet.

Salle de banquet du Cercle militaire de Paris.

En attendant, concentrons-nous sur le dîner de la veille au soir, offert par le Comité de l'Île-de-France de Rugby, au 8, place Saint-Augustin. Un banquet magnifique, donné en l'honneur des équipes de Londres, et de Paris, dans les salons somptueux du Cercle militaire de Paris devenu depuis Cercle national des armées. Outre la bonne chère et de sublimes bouteilles, tous les joueurs de ce Paris-Londres ont vagabondé avec délices et surprises, passant de l'impressionnante bibliothèque au salon de lecture avec délectation. Les plus curieux se sont arrêtés net devant la salle d'armes, la plus ancienne de Paris, où l'escrime se pratique aux trois armes, fleuret, épée et sabre. En quelque sorte, une autre bataille de l'enfance...

Un an plus tard, Paris échouera de nouveau mais de très peu (3-6) contre Londres.

Croques anglais : mimolette, jambon de Paris, sauce Worcestershire

Ingrédients

8 tranches de pain de mie complet
8 tranches de jambon de Paris
1 morceau de mimolette (8 fines tranches)
Moutarde Colman's (rayon « Épicerie du monde » : England, of course !)
Sauce Worcestershire

Mots du chef : « Yummy1 ! » comme diraient les Anglo-Saxons ! Si la France et l'Angleterre ont toujours été rivales sur le terrain, on peut néanmoins les réunir avec sérénité dans ces sandwichs toastés savoureux ! Le mariage de la mimolette et du jambon de Paris, rehaussé de moutarde anglaise et de sauce Worcestershire, en fait une combinaison sacrément *delicious* ! Un gain de temps précieux car ces croques se préparent la veille et vous n'avez plus qu'à les cuire dès l'arrivée de vos invités. *Enjoy your meal* !

La veille

- ***Tartiner les huit tranches de pain avec la moutarde***
- ***Sur quatre tranches de pain, recouvrir toute la surface d'une tranche de mimolette.***
- ***Assaisonner de quelques gouttes de sauce Worcestershire.***
- ***Puis les recouvrir avec le jambon de Paris.***
- ***Couvrir à nouveau de tranches de mimolette.***
- ***Et pour finir, couvrir avec une tranche de pain.***
- ***Envelopper le sandwich avec du film alimentaire et laisser une nuit au réfrigérateur – cette opération permet aux saveurs de se libérer et d'imprégner harmonieusement la mie.***

Le lendemain

- ***Préchauffer le four à 200 degrés. Position grill.***
- ***Enfourner les sandwichs débarrassés de leur film et bien les griller des deux côtés.***
- ***Si vous avez un appareil à croque-monsieur, utilisez-le.***

Dressage

- ***Couper les croques en biais, piquer l'ensemble, déposer sur une jolie planche conviviale.***

Conseil du chef : *Vous pouvez également réaliser ces sandwichs avec du fromage Comté. Pour celles et ceux qui s'interrogent sur la couleur orange de cette fameuse mimolette, il s'agit simplement de l'ajout d'un colorant naturel : le roucou – qui contient du carotène. Déguster de la mimolette est non seulement excellent pour le teint, mais encore plus pour les papilles !*

PAR OLIVIER MARGOT

France : 11 – Angleterre : 3

Seul contre tous

10 avril 1954

BANQUET D'APRÈS-MATCH À COLOMBES

André Boniface, seul contre quinze Anglais, durant ce France-Angleterre mémorable du 10 avril 1954 !

Ce 10 avril 1954, au stade Yves du Manoir de Colombes, un homme tout en contrôle se rue vers la terre promise. Quelques heures plus tard, la première édition du journal *L'Équipe* étant parue, ce jeune homme de 19 ans et demi écarquillera les yeux, prenant conscience de la force d'une photographie prise par beau temps, devant 37 690 spectateurs. André Boniface est encore junior. Sur cette image qui peut-être n'est qu'un rêve, il est seul et les Anglais sont quinze, on peut les compter, miracle de la photographie.

Pour le rugby français, c'est l'année merveilleuse. Victoires sur l'Écosse (3-0) ; sur l'Irlande (8-0) ; sur la Nouvelle-Zélande (3-0) pour une seule

Face aux Anglais en surnombre, Maurice Prat va décaler André Boniface (à gauche), lequel marquera l'essai près du drapeau droit.

défaite contre le pays de Galles (19-13). Il reste à vaincre l'Angleterre et l'on pourra enfin clamer que le rugby français a atteint sa majorité ! Les amoureux du noble jeu sont accourus de Toulouse, Toulon, Perpignan, Béziers ou Mont-de-Marsan, fief du jeune « Boni ». Avec eux, de l'espoir, du saucisson, du jambon, des bouteilles et des chants que l'on partage ; cela s'appelle le bonheur. André Boniface a frappé une pénalité sur le poteau. Puis il a marqué en solitaire un essai mémorable sur la droite du terrain. Un drop de Jean Prat, un essai entre les poteaux de son frère Maurice et l'équipe d'Angleterre est vaincue 11 à 3. Très tôt pourtant, des blessés : Sanac d'abord, puis Cazenave, qui doit quitter le terrain ! Gagner avec des blessés paraissait impossible. Jusqu'à ce débordement d'André Boniface… Dans les tribunes, le maréchal Montgomery, géant de la seconde guerre mondiale, n'hésitera pas à parler de « comportement héroïque. » À la sortie du vestiaire, René Crabos, président de la Fédération française de rugby (FFR), s'est avancé vers chacun de ces acteurs triomphants et leur a donné l'accolade avec simplicité et sincérité. L'hebdomadaire *Miroir-Sprint* titrera : « Le jour de gloire du rugby français. »

Au banquet donné à Colombes par la FFR, le menu superbement dessiné par Joë Bridge représente un coq s'attaquant à l'un des gardes hallebardiers de la Tour de Londres qui abrite les joyaux de la Couronne. L'ancien capitaine du XV de France Guy Basquet déclare : « *Je ne suis pas particulièrement émotif, mais au coup de sifflet final, je crois avoir effectué, en signe d'allégresse, quelques pas de danse…* » À la table du banquet, Français et Anglais ne sont pas venus les mains vides. Dans un rire phénoménal sortent de nulle part tous les *blended whiskies*, les pure malt de la vallée de la Spey, les Glenlivet et les Glenfiddich… Voilà les Graves, les Pomerol, les Médoc… À ce rythme, Guy Basquet sera vite surnommé « le seigneur de la cuite » tandis qu'en hommes libres, l'équipe de France se transformera en équipe de potaches… Après tout, ce XV de France vient de remporter son premier Tournoi des Cinq Nations, *ex æquo* avec le pays de Galles et l'Angleterre. Sous couvert d'apporter les premiers journaux sortis des

René Coty saluant les “huiles” anglaises après le match ; dans quelques secondes il serrera la main du Général Montgomery qui patiente juste au dessus de lui sur l'image.

presses, les journalistes de *France-Soir* et de *Paris-Presse* sollicitent les blessés français Sanac, cheville douloureuse, et Cazenave, déchirure musculaire. Maintenant, ils parlent tous et se demandent comment les hommes de Jean Prat ont pu lutter à 13 contre quinze, à six avants contre huit... Longtemps après, André Boniface reviendra sur son merveilleux essai : « *Je n'avais eu qu'à courir, un pur travail de finisseur.* » Cette rencontre du 10 avril 1954 disait aussi autre chose : dans les tribunes de Colombes, le président René Coty et le maréchal Montgomery célébraient en frères d'armes le cinquantenaire de l'Entente cordiale entre l'Angleterre et la France. Après le chardon et le trèfle, les Tricolores venaient de cueillir la rose.
Il était temps de rejoindre le Lido. Champagne !

Cœurs de canard, piquillos & pois gourmands

Ingrédients

200 g de cœurs de canard
40 g de pois gourmands crus
100 g de piquillos (rayon « Épicerie du monde » : Espagne, olé !)
20 g d'oignon nouveau
10 g d'ail (en lamelles)
12 feuilles de menthe découpées en petits morceaux
3 cl de vinaigre de vin
1 cuillère à café d'amandes effilées
1 pointe de piment d'Espelette
3 cl de vinaigre de vin
Poivre noir
Sel

Réalisation

- ***Faire revenir les lamelles d'ail dans une cocotte bien chaude et graissée d'huile d'olive (ou graisse de canard, c'est encore meilleur !) sans les colorer.***
- ***Couper les cœurs de canards en quatre, les assaisonner d'une pincée de sel, de poivre noir et d'une pointe de piment d'Espelette.***
- ***Jeter les cœurs dans la cocotte pour les saisir rapidement (2 minutes). Réserver.***
- ***Découper les piquillos en lamelles et émincer finement l'oignon nouveau.***
- ***Ajouter les lamelles de piquillos et l'oignon émincé dans la cocotte avec les cœurs de canard, et cuire 30 secondes à feu vif.***
- ***Déglacer avec le vinaigre de vin.***
- ***Ajouter les pois gourmands taillés en julienne ; puis incorporer la menthe.***
- ***Ne pas chauffer mais mélanger délicatement.***

Dressage

Verser dans un joli plat, parsemer des amandes effilées et terminer par une ultime pointe de piment d'Espelette.

Conseil du chef : *Le piquillos, vous connaissez tous son allure, mais l'avez-vous vraiment cuisiné ? Si celui-ci est très présent dans la cuisine basque – et surtout espagnole –, on le trouve en bocal dans toutes les épiceries ; or si vous avez la chance d'en trouver des frais, c'est mille fois mieux. Farcis, grillés, marinés, sautés, ils se marient de 1 001 façons car leur douceur s'associe facilement avec 1 001 saveurs ! Suivez vos envies !*

Mots du chef : Je dédie cette recette à « Bala », « Monsieur Drop »... Pierre Albaladejo. Pour ses origines andalouses et basques, pour son parcours exemplaire et pour sa prestation lors de ce grand match contre les Anglais ! Bala était un sacré joueur et il est toujours resté un homme d'une grande humanité, un homme de cœur. Cette recette est comme lui, forte et terriblement canaille. À la fois fondants et fermes, les cœurs de canard ici rehaussés d'ail, de vinaigre, mariés à la douceur des pois et à la saveur du piquillos raviront vos amis pour vos apéros, déjeuners et dîners estivaux. Bon appétit !

PAR OLIVIER MARGOT

Tournoi des Cinq Nations
France : 8 – Galles : 6

La victoire en chantant

25 mars 1961

BANQUET D'APRÈS MATCH APRÈS QUE LA FRANCE AIT GAGNÉ ET REMPORTÉ LE TOURNOI.

Dans toutes les entreprises, Guy Boniface se montra parfait. À droite Moncla et Bouguyon.

Duel Bouguyon-Price à la touche.
De gauche à droite : Saux, Domenech, Roques, Evans, Prosser, Bouguyon, Price, qui survola les touches et que plaque De Gregorio, B. Thomas.

Pour ce match gagné par les Français, laissons la parole à Georges Duthen, du *Miroir des sports* à l'époque : *"Il n'y a pas cinquante manières de se battre, il n'y en a qu'une : c'est d'être vainqueur"*, a écrit André Malraux. En rugby, nous sommes un peu plus difficiles, et nous aimons évoquer certain vers de Voltaire (après tout, pourquoi pas ?) : *"C'est encore peu de vaincre, il faut savoir séduire"*. Or, le XV de France s'est battu et a vaincu de manière séduisante. (...) Il apparaissait souverain, il jouait avec une maîtrise remarquable, il se montrait dominateur... Mais les Gallois étaient virtuellement vainqueurs du Tournoi (...). Et puis, dans la chevauchée fantastique de Guy Boniface fondirent délicieusement les appréhensions qui avaient taraudé le cœur des supporters de l'équipe de France et s'anéantirent les plus chères espérances des Gallois. »

Vainqueurs du tournoi 1961, les Français donnent libre cours à leur joie le soir du match contre Galles, qui se termine par des chansons, comme il convient.

Tra-la-la-la... «Montagnes Pyrénées» au micro, par Jean Dupuy, François Moncla et Michel Celaya.

La même, en nuances, par Henri Rancoule, Amédée Domenech et Michel Crauste, au banquet de France-Galles.

Salade de poireaux, menthe, ail noir, raisins, sur un délicat lit de houmous

Ingrédients pour la salade

4 poireaux
3 gousses d'ail noir
2 citrons verts
1 botte de menthe
Huile d'olive
Vinaigre balsamique
Fleur de sel
Piment d'Espelette

Ingrédient cuisson raisins

50 g de raisins de Corinthe
10 g de sucre roux
2 cl de vinaigre de vin
100 g d'eau minérale

Ingrédient cuisson raisins

2 cuillères à soupe de purée de sésame (ou « Tahin » en boutique Bio)
1 cuillère à soupe de sumac (rayon « Épicerie du monde », origine : Liban)
1 gros citron jaune
1 gousse d'ail
25 cl d'huile d'olive
1 cuillère à café de bicarbonate
1/4 cuillère à café de sel
1 cuillère à café de cumin

L'avant-veille

- ***Mettre les pois chiches à tremper dans de l'eau froide.***

La veille – réalisation du houmous

- ***Rincer les pois chiches, les égoutter et les mettre dans une casserole, porter à ébullition, puis faire cuire 45 minutes (ils sont cuits lorsqu'une pointe de couteau les pénètre sans résistance).***
- ***En garder 50 g (entiers) de côté pour la salade.***
- ***Déposer les pois chiches égouttés dans un mixeur avec un peu d'eau de cuisson.***
- ***Ajouter les ingrédients mentionnés dans la liste puis mixer en versant l'huile d'olive de façon progressive, jusqu'à obtenir une texture lisse et crémeuse.***
- ***Déposer au réfrigérateur sous film alimentaire.***

La veille - préparation des raisins

- ***Verser les raisins dans un bol d'eau froide afin de les réhydrater (30 minutes).***
- ***Les déposer dans une casserole avec les 10 grammes de sucre, les 2 centilitres de vinaigre et les 100 grammes d'eau filtrée puis faire cuire 5 minutes à petite ébullition.***

Le lendemain

- ***Faire cuire les poireaux à la vapeur (ou dans une casserole d'eau bouillante salée) pendant 10 minutes pour une texture al dente.***
- ***Les égoutter, ôter la première couche de feuilles et les couper en tronçon de 5 centimètres.***
- ***Couper les citrons à vif en quartiers.***
- ***Éplucher la gousse d'ail noir et la couper en morceaux.***
- ***Dans un cul-de-poule, mélanger les poireaux, les raisins de Corinthe égouttés, les pois chiches, les morceaux de citron vert, les gousses d'ail noir et les petites feuilles de menthe.***
- ***Assaisonner d'huile d'olive, de vinaigre balsamique, fleur de sel, piment d'Espelette et de zestes de citron vert puis mélanger délicatement.***

• ***Dans un joli plat familial, tapisser le fond avec le houmous, verser la salade... Déguster !***

Conseil du chef : *Lors de son achat, le poireau doit être ferme et coloré ; ses feuilles dures, ni flétries et encore moins fanées ! ses racines de pied souple, sa base blanche sans aucune tache. Avant de faire cuire vos poireaux, lavez-les car ils contiennent parfois de la terre ou du sable. Pour celles et ceux qui ne connaissent pas l'ail noir, sachez que celui-ci est beaucoup plus digeste que l'ail classique, son goût est plus doux, suave et sirupeux. Émincé en très fines tranches pour agrémenter les pâtes, salades, omelettes, relever un risotto ou utilisé comme base de vinaigrettes, sauces et marinades, il est adapté à de nombreuses recettes. Considéré par les Japonais comme « alicament » – faisant office de médicament reconnu pour ses bienfaits cardiovasculaires, l'immunité, la protection cellulaire, le vieillissement – cet ail noir a vraiment... tout bon !*

Mots du chef : Quand j'étais petit, j'avais demandé à mon papa la raison d'un poireau comme emblème de l'équipe du pays de Galles ; celui-ci m'avait expliqué que le choix de ce modeste légume était historique, lié à une grandiose victoire militaire des Gallois contre les Anglais au VIe siècle. En effet, saint David, évangélisateur et saint patron du pays, aurait demandé aux soldats gallois d'accrocher des poireaux à leur casque pour se différencier des Anglo-Saxons. Victorieux, les Gallois adoptèrent alors le poireau comme symbole de victoire ! Et il suffit de cuisiner le poireau avec le respect qu'il mérite... pour réaliser un plat d'exception ! Ici sublimé par un gourmand houmous et rehaussé du parfum délicat de l'ail noir, des pois chiches et des raisins de Corinthe, cette salade ne laissera personne indifférent ! Succès assuré pour cette entrée savoureuse qui va faire des émules parmi vos invités ! Bon appétit !

PAR OLIVIER MARGOT

Paris : 14 – Londres : 11

“Cambé”, citoyen d’honneur de la ville de Paris

10 novembre 1962

LONDRES

S.A. MORRIS

J.R.C. YOUNG P.E. METTLER D.J. ALLANSON J. ROBERTS

J.A.T. RODD S.R. SMITH

W. ROTHWELL V.R. MARRIOTT R.E. SYRETT

D.G. PERRY V.S.J. HARDING

N.S. BRUCE P. ORR P.T. WRIGHT

•

ARBITRE : M. DURAND

•

DEMARGNE RENAULT ROZAN

CAZAUBOTH TARDIVEL

LAPOTERIE HORN KROTOFF

CAMBERABERO LAFORGUE

THOMSON BASSAGAITZ DUCAMP HIRIBAREN

DEBET

PARIS

MENU

Saucisson chaud en Brioche
sauce Périgueux

Suprême de Turbot Rivoli

Filet de Bœuf sauce madère
Pommes rissolées
Haricots verts

Cœurs de Laitue Mimosa

Plateau de fromages

Bombe glacée Martiniquaise

Mignardises

Fin moka

Alcools — Liqueurs

Rosé de Provence
Pouilly Fuissé
St Estèphe Château Beauséjour 1958
Côtes du Rhône Réserve spéciale
Champagne Réserve du Cercle

DÎNER D’APRÈS-MATCH EN L’HONNEUR DE L’ÉQUIPE DE RUGBY DE LONDRES DANS LES SALONS DU CERCLE RÉPUBLICAIN, PARIS

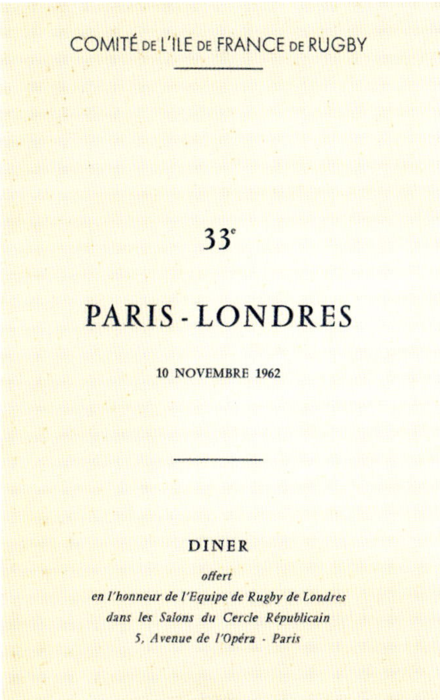
COMITÉ DE L'ILE DE FRANCE DE RUGBY

33e

PARIS - LONDRES

10 NOVEMBRE 1962

DINER

offert
en l'honneur de l'Equipe de Rugby de Londres
dans les Salons du Cercle Républicain
5, Avenue de l'Opéra - Paris

Claude Laborde en Roumanie avec le XV de France, Francis Moulian retenu par l'armée pour affronter l'Auvergne, le Comité Île-de-France s'est trouvé dans l'obligation d'inviter Lilian Camberabero, le petit demi de mêlée de La Voulte, à participer à la traditionnelle rencontre Paris-Londres ; une juste récompense, après tout. Lilian Cambé vivra un petit bonheur sur la pelouse même du stade Charléty quand il se verra décerner par le public le titre de « Parisien d'honneur ».

On joue depuis une demi-heure quand le puciste Tardivel doit abandonner le pack parisien : entorse du genou. Les avants londoniens, sobres et classiques comme toujours, vont jouer à huit contre sept… Rôdant derrière sa mêlée, veillant à tout, Lilian Camberabero, par son impressionnante longueur de passe, simplifie la tâche ardue de ses trois-quarts. Il le faut car les Britanniques comptent dans leurs rangs la bagatelle de sept internationaux : Young, Roberts, Rodd, Smith, Harding, Wright et Bruce ; du solide ! Ils vont pourtant être battus 14 à 11 par une « petite » équipe parisienne si on la compare aux précédentes. Gérard Krotoff et ses onze points de coups de pied, les trois points de Michel Debet, tout cela pèse son poids. Menés 14 à 3 à un quart d'heure de la fin, les Britanniques ripostent par trois essais : quelle ardeur, mais qui sera cependant insuffisante !

Une bière à la main, beaucoup détaillent l'opportunisme des ailiers anglais, leur esprit de décision. Le classicisme britannique a quand même du bon ! On se congratule néanmoins, car tenir en échec un XV de Londres plus solide, plus « capé », relève de la performance.

Lilian Camberabero, homme du match, et sa légendaire longueur de passe, sera nommé à la suite de ce match "Parisien d'honneur" par le public enthousiaste suite à la victoire contre les Anglais.

Saucisson pistaché dans son feuilletage moutardé

Ingrédients

1 saucisson pistaché (chez votre artisan boucher-charcutier)
1 pâte feuilletée bio pur beurre (déjà prête dans le commerce)
Eau minérale (ou filtrée)
Anis étoilé
Grains de poivre noir
Graines de coriandre
1 bouquet garni
Sel
Moutarde de Meaux
1 œuf

Mots du chef : Comme clin d'œil à ce match Paris-Londres, j'aurais pu concocter une recette à base de champignons de Paris ou de jambon de Paris, or j'ai choisi une spécialité régionale. En effet, même si Paris est capitale de la gastronomie, elle sait aussi honorer les spécialités de son pays ; et ce saucisson pistaché est une des plus gourmandes, représentative du Lyonnais, région de naissance de mon épouse aimée (qui fond littéralement devant, et ne cesse de me demander d'en préparer à l'avance !). Cette recette simple à réaliser, très bon marché, est un véritable bonheur pour les papilles. Servie en plat unique accompagné d'une salade bien vinaigrée ou marié à une poêlée de champignons sauvages et de pommes de terre écrasées… Tous les mariages sont permis. Bonne dégustation !

Préparation du saucisson

- ***Dans une grande casserole, déposer le saucisson et le recouvrir totalement d'eau; assaisonner de sel, de l'anis étoilé, des grains de poivre entiers, des graines de coriandre et du bouquet garni.***
- ***Porter à ébullition, baisser le feu et laisser cuire 20 minutes à toute petite ébullition.***
- ***Laisser refroidir le saucisson en casserole.***
- ***Une fois que celui-ci est totalement refroidi, le sortir de l'eau et retirer délicatement sa peau, nettoyer le saucisson avec du papier absorbant puis déposer 1 heure au réfrigérateur.***
- ***Préchauffer le four à 180°C.***
- ***Piquer la pâte feuilletée avec une fourchette.***
- ***Badigeonner le centre de la pâte avec la moutarde, de la longueur et largeur du saucisson.***
- ***Poser ensuite le saucisson sur le rectangle moutardé.***
- ***Battre un œuf et badigeonner le feuilletage.***
- ***Enrouler ensuite le saucisson dans la pâte et plier les deux coins, comme un gros bonbon.***
- ***Déposer le saucisson sur un papier antiadhésif et sur une plaque au four.***
- ***Enfourner pour une cuisson entre 30 minutes et 35 minutes.***
- ***Une fois cuit, laisser reposer ¼ d'heure.***

Dressage

- ***Déposer le saucisson sur une belle planche, couper en tranches et déguster.***

PAR OLIVIER MARGOT

France : 6 – Écosse : 11

Allez, môme, pleure pas !

12 janvier 1963

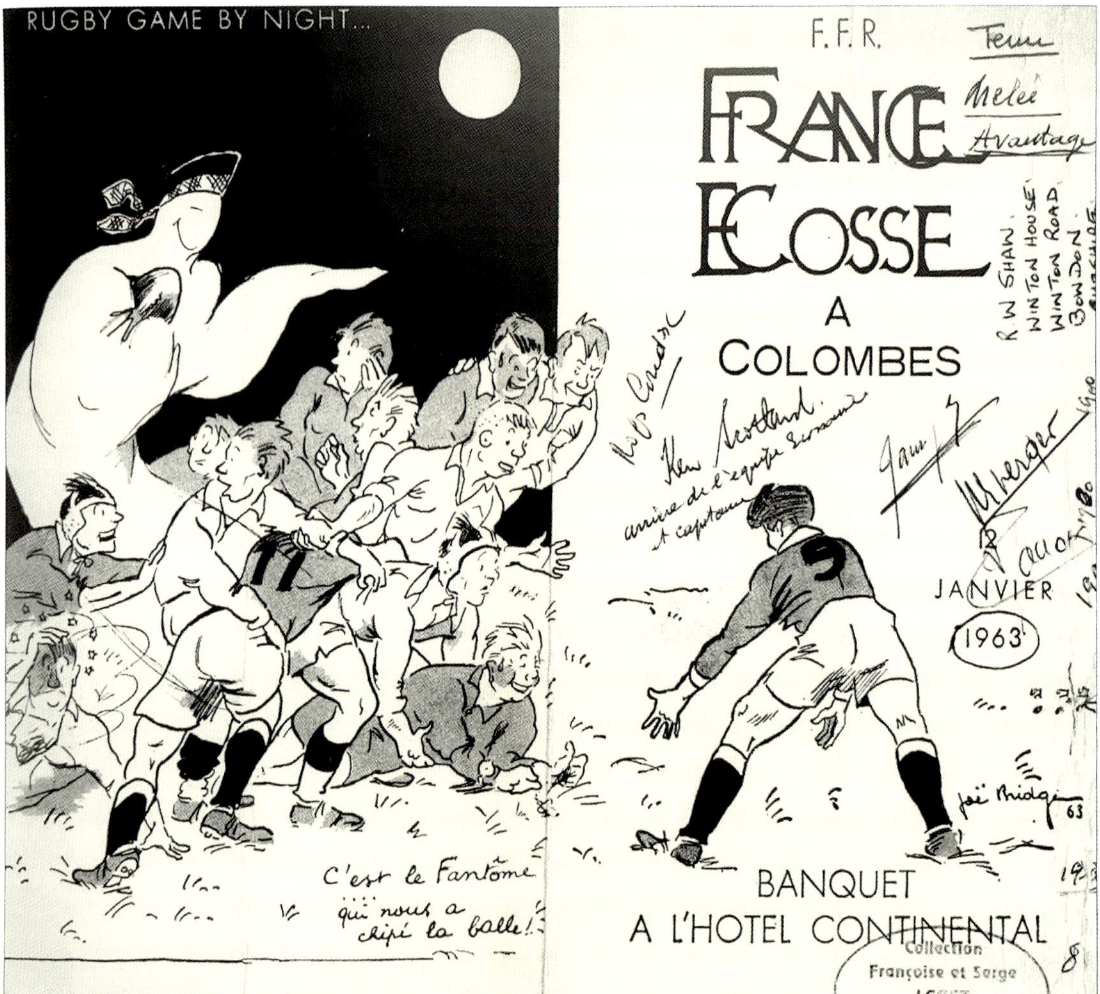

BANQUET D'APRÈS-MATCH
À L'HÔTEL CONTINENTAL À PARIS

Ce 12 janvier 1963, Écossais et Français ont investi le banquet traditionnel d'après-match donné à l'Hôtel InterContinental, à Paris. Devant chaque joueur, chaque convive, trône un menu des plus singuliers, d'autant que celui-ci a été imprimé avant l'issue de la partie remportée par le XV d'Écosse 11 à 6 ; ce menu précise même avec humour : « C'est le Fantôme qui nous a chipé la balle ! ». Le dessin, lui, est très réussi. Sur la partie gauche du menu officiel (verso), une douzaine de joueurs sont à la lutte dans une mêlée ouverte, laquelle est surmontée d'un fantôme écossais souriant, le ballon serré sous son bras droit.

Sur la partie droite (recto du menu), Ken Scotland, arrière et néanmoins capitaine, se penche les bras ouverts afin de se saisir d'un ballon qui n'en fait qu'à sa tête. Vous allez comprendre pourquoi. Il fait un tel froid sur le stade Yves du Manoir à Colombes qu'il a fallu brûler quinze tonnes de paille pour que le match puisse avoir lieu, la fumée noire s'échappant vers un ciel de suie.

On la voit de loin cette fumée, la pelouse est roussie, le gel durcit à nouveau le terrain de Colombes. Jouer y sera difficile, sinon dangereux. Grâce au vent, un drop d'André Boniface et un but de Pierre Albaladejo portent le score à 6-0 à la mi-temps. La bise aigrelette s'obstine, les citrons sont remplacés par un thé bouillant. C'est la toundra ! L'arrière Scotland égalise vite à 6-6. Les avants de Mike Campbell-Lamerton ne cessent d'avancer, les Écossais imposent leur puissance, un vrai travail de démolition.

On croit au match nul quand, à une minute de la fin, un drop-goal manqué de l'ouvreur Laughland, tiré en biais, rebondit sur le terrain gelé, le ballon lobe de manière invraisemblable Pierre Besson et Ronald Thomson, et ce dernier accouru de l'aile droite va marquer l'essai de la victoire sur l'aile gauche !

Scotland transforme : 11 à 6. Le XV de France n'avait pas perdu à Colombes depuis cinq ans. Ironie du sort : jusqu'à cette ultime minute, Besson le petit ailier briviste avait été le meilleur des attaquants...

L'Écosse s'impose 11 à 6 dans les derniers instants. Pierre Lacroix, capitaine du XV de France, s'empare ici d'un ballon difficile…

Retour au banquet : « *Allez, môme, pleure pas ! C'était un faux rebond et tu n'y pouvais rien.* » Tout le monde entoure le petit Besson et lui prodigue des paroles de réconfort. « *Console-toi, Pierrot. Tu n'as rien à te reprocher et les Écossais ont mérité leur victoire.* » Alors ? Les mots attristés de Pierre Besson, littéralement inconsolable : « *Bien sûr, c'était une balle vicieuse sur laquelle je ne pouvais rien faire mais elle nous coûte la victoire et ça… Je croyais avoir parfaitement apprécié le coup de pied de Laughland. J'avais tout prévu, sauf ce ricochet sur un sol que le gel durcissait.* » Il convient maintenant de regarder attentivement les dessins du menu, le capitaine Scotland le bien-nommé se penchant alors que ce ballon rebondissant va le lober. Tel un fantôme !

Au banquet où les deux équipes se sont mélangées, le jeune Pierre Besson s'attarde sur les mains calleuses du pilier droit David Rollo, lequel s'est

refusé à abandonner les terres de sa ferme. Le troisième ligne écossais W.R.A. Whatherstone fait l'éloge de Pierre Albaladejo, de loin le meilleur : « *Sans lui, il me semble que nous aurions fait un malheur et vengé pas mal de défaites dans ce Tournoi qui tourne toujours à notre désavantage.* » Watherstone, marqué par un dur combat, ne cache pas sa satisfaction malgré les balafres qui lui sillonnent le visage, tandis que le pilier Alfred Roques, dit « The Rock », va disparaître du XV de France...

Quittant l'Hôtel InterContinental, les deux équipes rejoignent le réputé "Chez Moustache". Commence alors un autre France-Écosse. Celui du Whisky.

Irish coffee et ses tuiles salées

Ingrédients des tuiles

50 g de blancs d'œufs
45 g de farine
50 g de beurre fondu et bien froid
12 cl de crème liquide
Piment d'Espelette
Pavot bleu en graines
Sel

Ingrédients de l'irish coffee

15 cl de whisky écossais, **please !**
2 cuillères à café de sirop de canne
(ou 2 morceaux de sucre)
1 café fort
Crème fraîche
Poudre de cacao (non sucrée)

Réalisation des tuiles

- *Préchauffer le four à 180° (thermostat 6).*
- *Mélanger soigneusement les blancs d'œufs avec la farine, le beurre et la crème liquide.*
- *Étaler l'appareil le plus finement possible sur une plaque antiadhésive.*
- *Former des tuiles (ovales, rondes, carrées…), saupoudrer les tuiles de piment d'Espelette, sel, graines de pavot, puis enfourner 10 minutes.*

Réalisation de l'irish coffee

- *Dans une casserole, faire chauffer le whisky avec le sucre puis le verser dans un beau verre.*
- *Préparer un café bien fort et l'incorporer au whisky.*
- *Fouetter la crème fraîche jusqu'à obtenir une belle texture.*
- *Avec une poche à douille, déposer délicatement la crème sur le café et terminer par un nuage de cacao.*

Conseil du chef : *Ne lésinez pas sur le choix d'un bon whisky ! Par ailleurs, personne ne saurait résister à ces tuiles salées, alors n'hésitez pas à en confectionner plusieurs d'avance ! Vous pouvez les réaliser 48 heures avant de recevoir vos invités en les conservant dans une boîte hermétique déposée au réfrigérateur.*

Mots du chef : Souvenir nostalgique d'un match au prestigieux stade de Murrayfield à chanter « Flower of Scotland » avant de déguster un des meilleurs whiskys de ma vie… Je pourrais intituler cette recette « scottish coffee », or j'appréhende déjà les « Shocking ». En effet, je reconnais que nommer « scottish » cette recette généralement intitulée « irish » risquerait de faire dresser les cheveux des Irlandais, mais voyez ce trait d'humour comme tel et ne soyez pas non plus choqués de constater des biscuits salés pour accompagner ce café ! Vous changerez d'avis une fois que vous aurez dégusté cette association savoureuse. En effet, la tuile salée se marie avec harmonie avec ce breuvage ; les biscuits du commerce vous sembleront désormais bien fades comparés à ces tuiles gourmandes. Une recette qui va vous combler de satisfaction. *Cheers* !

Il faisait un tel froid pendant le match qu'à la mi-temps du thé bouillant fut servi aux joueurs… en attendant le whisky du banquet.

PAR OLIVIER MARGOT

Tournoi des Cinq Nations
France : 15 – Angleterre : 17

Cul-sec !

20 février 1982

BANQUET D'APRÈS-MATCH À PARIS

Ce soir-là de l'année 1982, on fête à Paris la victoire par 27 à 15 de l'Angleterre sur ses grands rivaux français dans le Tournoi des Cinq Nations. Tout s'est déroulé sans heurt jusqu'au dîner d'après-match qui a donné lieu à une légendaire histoire de boisson.

Cette anecdote a pour protagoniste le capitaine du prestigieux club écossais Newport RFC, Colin Smart. Gagné par l'ennui et l'ivresse, ce dernier a bu d'une traite une bouteille d'*after-shave* trônant sur la table du banquet. Cette idiotie lui a coûté un lavage d'estomac à l'hôpital. Mais la véritable histoire de Colin Smart « n'est pas tout à fait ce que vous pensez », déclare le jeune natif de Bethnal Green, Jeff Probyn, à la presse britannique quelques mois plus tard. À l'origine de l'affaire, c'est Maurice Colclough, figure emblématique du rugby anglais, qui a voulu faire une farce au capitaine du Newport Rugby Club. Maurice avait joué en France et il savait qu'on avait l'habitude d'y déposer des petits cadeaux sur la table du dîner principal. Il s'est donc rendu à l'avance dans la salle de réception, a pris son cadeau, une bouteille d'après-rasage, l'a vidée, l'a lavée à fond, l'a remplie de vin blanc et l'a rebouchée.

Maurice Colclough, l'auteur de la mauvaise farce...

Les dîners français sont les plus ennuyeux des dîners internationaux parce que l'équipe française se trouve à un bout de la salle et que vous êtes de l'autre côté, séparés par quatre tables. Tous les discours sont traduits du français à l'anglais et de l'anglais au français, puis il y a des chants nationaux français. Ce cher Maurice, assis à sa table, prend une demi-pinte de bière, regarde Colin Smart, lui fait un clin d'œil et boit sa demi-pinte. Colin se retourne et boit lui aussi une demi-pinte. Cela se poursuit avec une

Troisième en partant de la droite en haut, Colin Smart, la "victime" de Maurice Colclough, peu avant le match…

pinte de bière, une demi-bouteille de vin rouge, puis une bouteille de vin rouge. Maurice prend alors son after-shave, dévisse le bouchon et le boit. Colin se dit : « S'il peut le faire, je le peux aussi. » Il boit son after-shave et il s'évanouit sur le sol. C'est l'étonnement parmi les convives. Smart est transporté dans un hôpital parisien pour y subir un lavage d'estomac, et l'incident s'inscrit dans les annales du rugby. Lorsque notre capitaine s'est

remis de sa visite à l'hôpital, l'ancien demi de mêlée anglais Steve Smith a fait remarquer : « Il n'était peut-être pas bien, mais Colin avait l'haleine la plus agréable que j'aie jamais sentie. »

"Il n'était peut-être pas bien, mais Colin avait l'haleine la plus agréable que j'aie jamais sentie."

Bouillon aux nombreux bienfaits

Réalisation

- ***Dans une cocotte, verser l'eau et l'ensemble des ingrédients de la liste (hormis le bouquet garni et l'huile d'olive !).***
- ***Porter à ébullition puis laisser cuire à frémissements pendant 1 heure.***
- ***Incorporer ensuite le bouquet et laisser infuser, à couvert, jusqu'à total refroidissement.***
- ***Filtrer les légumes et les aromates (que vous pouvez utiliser comme accompagnement de poissons, viandes ou en salade...).***
- ***Verser le bouillon dans de jolis verres (ou bols), ajouter quelques gouttes d'huile d'olive.***

Mots du chef : Après une victoire – très arrosée – ou une défaite – trop arrosée –... un bouillon bienfaiteur et bienvenu pour les lendemains d'excès. Un breuvage qui aurait été plus qu'approprié lorsque Albert Ferrasse avait offert des cigares et des bouteilles d'after-shave aux joueurs – certains ayant été jusqu'à l'avaler (voir page précédente). Au-delà de cette anecdote *a posteriori* amusante (un joueur s'est tout de même retrouvé aux urgences !), les vertus et les bienfaits du bouillon sont reconnus depuis l'Antiquité. Source exceptionnelle de minéraux ; précieux exhausteur de goût pour les soupes, pâtes, risottos, légumes ou utilisé comme base de nombreuses sauces qui viendront napper viandes ou poissons ; force est de constater que le bouillon a vraiment tout... bon. Dans son Grand dictionnaire de la cuisine, Alexandre Dumas écrivait : « La cuisine française doit sa supériorité à l'excellence du bouillon français », et je ne peux que l'approuver. Levons nos verres et trinquons à ce délicieux bouillon. Santé !

Ingrédients

2 l d'eau (minérale ou filtrée)
200 g d'ailerons de volaille
2 carottes épluchées
1 poireau épluché et coupé en 4 tronçons
1 oignon blanc épluché et coupé en 4 morceaux
1 branche de céleri
1 tranche de céleri-rave
1 fenouil coupé en 4
2 anis étoilés
1 clou de girofle
1 cuillère à café de graines de coriandre
5 baies de genièvre
1 cuillère à café de poivre noir en grains
1 bâton de citronnelle (écrasé au rouleau pâtissier)
100 g de gingembre (coupé en grosses tranches)
20 g de sel
1 bouquet composé de thym, laurier et persil plat
Huile d'olive

PAR OLIVIER MARGOT

Avant la Coupe du monde
en Nouvelle-Zélande

Une chanson pour Mitterrand

13 mai 1987

DÉJEUNER DU XV AU PALAIS DE L'ÉLYSÉE

Mercredi 13 mai 1987. Le président François Mitterrand reçoit au palais de l'Élysée l'équipe de France de rugby, juste avant son départ pour la Nouvelle-Zélande, afin de participer à la première Coupe du monde. Albert Ferrasse, président de l'International Rugby Board, ne sait pas encore qu'il remettra le trophée à David Kirk, capitaine des All Blacks, sur le stade de l'Eden Park d'Auckland. Jean Glavany, très proche du président de la République et grand amateur de rugby, est naturellement au premier rang. Tous regardent avidement cette salle immense qui, en fait, est celle du conseil des ministres. Ils sont nombreux à savourer par avance les mets magnifiques qui vont défiler devant eux. Daniel Dubroca, capitaine du XV de France, se rappelle avec bonheur avoir été placé aux côtés de François Mitterrand, très féru de rugby. Quelle chance,

À la gauche de François Mitterrand, Daniel Dubroca, le capitaine du XV de France.

quel honneur ! Il se souvient encore d'une conversation éblouissante à la hauteur de l'homme qui dirigeait la France. Jean-Pierre Garuet, dit « Garuche », Lourdais et pilier de mêlée, n'en revient toujours pas d'être passé du petit village de Pontacq où il est né à l'Élysée… Bientôt, Pierre Berbizier marquera l'essai français à l'ultime minute de la finale d'Auckland. Berbizier encore et toujours : « Une tache jaillie d'un plat en sauce venait sous mes yeux de salir la cravate de François Mitterrand. Je croyais que ça n'arrivait pas à un président… J'ai compris alors qu'il était un homme comme nous, assez simple en fait. On semblait plus à l'aise qu'eux, je crois qu'on les impressionnait un peu… Le phénomène de groupe sans doute, et les gabarits ! » Dubroca insiste : « Quelle chance nous avons eue grâce au rugby, tous ces gens merveilleux, de toutes obédiences,

de toutes nationalités, quelle richesse que cette aventure ! »
Berbizier continue : « Jean-Louis Bianco nous avait placés. La tradition basque veut que l'on chante aux repas. Alors, avec Pascal Ondarts, nous avons chanté. On faisait l'écho sans connaître les paroles. Jean-Louis Bianco nous a fait comprendre qu'il fallait baisser le ton, une chanson et c'est tout. "Baisse encore", disait-il, c'est l'Élysée quand même, pas les fêtes de Bayonne ! » Cela dit, quand tu reçois une équipe de rugby... Le poulet sauté grand-mère fit son effet et même son plus bel effet ; rien d'un repas de troisième mi-temps en tout cas, plutôt un repas de préparation à la Coupe du monde... Tout était très fin, le Château Figeac 1987, exceptionnel... Pour les trois-quarts, ça allait ; pour les avants, c'était léger... On s'est vite "esquarré" ; dans le patois de là-bas, ça veut dire : on nettoie bien l'assiette, puis on l'essuie bien ; que voulez-vous, c'était léger !
Dans le Larousse du XXe siècle, on peut lire au mot Élysée : « Lieu où se rendent les âmes, lieu délicieux qui, suivant les Païens, faisait partie des Enfers, et était le séjour des âmes des héros et des hommes vertueux. »

François Mitterrand avec l'équipe après le café.

Œufs pochés au saumon en gelée

Ingrédients

8 œufs bio extra-frais
6 tranches fines de saumon fumé
1 tomate
40 cl de vinaigre cristal
1 l d'eau (minérale ou filtrée)
12 feuilles de gélatine
2 branches de persil
½ l de bouillon de légumes
Poivre

Mots du chef : À la lecture de ce banquet à l'Élysée, j'ai été sidéré par la simplicité des plats proposés, or il suffit parfois d'un simple œuf travaillé avec délicatesse et originalité pour procurer un plaisir gustatif infini. Un modeste ingrédient travaillé avec soin pour un résultat digne d'un plat de haute gastronomie. Le président Mitterrand était un fin gourmet et il appréciait les valeurs sûres de notre patrimoine gastronomique français ; aussi et comme dans le menu de ce dîner, j'ai choisi de revisiter l'œuf pour une variante magique de l'aspic. Cet œuf poché sublimé par le saumon va bouleverser les gourmets ! Une recette que vous pouvez préparer la veille – l'avantage de vous offrir un gain de temps appréciable pour profiter pleinement de vos convives et/ou regarder un match le cœur léger. Bon appétit !

Préparation de la gelée

- *Dans un récipient d'eau glacée, déposer les feuilles de gélatine afin qu'elles se ramollissent ; une fois ramollies, bien les égoutter. Réserver.*
- *Porter le bouillon de légumes à ébullition, y incorporer les feuilles de gélatine et les faire fondre. Conserver le bouillon à température ambiante.*

Cuisson de deux œufs durs

- *Verser de l'eau dans une petite casserole et porter à ébullition ; plonger délicatement deux œufs à l'aide d'une écumoire et laisser cuire 9 minutes.*
- *Récupérer les œufs et les déposer dans un bol d'eau très froide.*
- *Écaler les œufs, les couper en quartiers. Réserver.*

Cuisson des œufs pochés

- *Casser les six œufs restant et les verser dans un récipient contenant 20 centilitres de vinaigre de cristal ; tourner le contenant afin que les œufs s'enrobent totalement du vinaigre.*
- *Dans une grande casserole, faire frémir l'eau (minérale ou filtrée) avec le reste de vinaigre (20 centilitres).*
- *Dès les premières ébullitions, créer un tourbillon à l'aide d'un fouet puis déposer délicatement les œufs au centre du vortex. Une fois qu'ils remontent à la surface, les récupérer délicatement avec une écumoire et les plonger immédiatement dans un récipient d'eau très froide afin d'en fixer la coagulation.*
- *Les déposer sur du papier absorbant. Réserver.*

Réalisation

- *Laver la tomate, retirer le pédoncule puis, à l'aide d'un couteau fin et pointu, inciser la base du fruit sur 1/2 centimètre de manière à former une croix.*
- *Plonger la tomate dans une petite casserole d'eau bouillante et laisser cuire 30 secondes.*
- *L'extraire avec une passoire et la déposer dans un bol d'eau glacée quelques instants ; retirer soigneusement sa peau et la couper en fins quartiers.*

- ***Dans chaque ramequin (type « aspic »), verser une fine couche de gelée froide – mais pas totalement prise !***
- ***Déposer au fond du ramequin un quartier de tomate, deux ou trois feuilles de persil, un quartier d'œuf dur puis chemiser le moule avec une tranche fine de saumon.***
- ***Enfin, incorporer un œuf poché au centre, assaisonner d'un bon généreux tour de moulin à poivre et recouvrir totalement de gelée ; déposer au réfrigérateur pendant une nuit.***

Le lendemain

- ***Dans un joli plat rectangulaire (ou six petites assiettes individuelles), démouler délicatement chaque œuf.***

Conseil du chef :

- *Pour le bouillon je vous conseille la marque Ariake qui propose une gamme variée aux arômes naturels.*
- *Cette recette implique des œufs extra-frais, c'est essentiel !*
- *Une bonne gelée demande un parfait dosage en gélatine : en utilisant trop de feuilles, la recette serait ratée ; et trop peu, la structure ne tiendrait pas.*
- *Sachez que tous les ingrédients peuvent être mis en gelée (crevettes, jambon, légumes, œufs de poisson etc.) car toutes les combinaisons sont envisageables pour sublimer un œuf !*
- *La gelée peut être préparée avec un bouillon de viande ou de légumes, un fumet de poisson ou de crustacés. Délicatement parfumé au porto ou au madère, l'aspic devient royal !*

PAR OLIVIER MARGOT

Coupe du monde de rugby
France : 30 – Australie : 24

Le match des matchs

13 juin 1987

Wine List

☆

White Wines

1986 Montana Marlborough Sauvignon Blanc
1986 Montana Gisborne Chardonnay

Red Wine

1984 Montana Marlborough Cabernet Sauvignon

Port

Penfolds Directors 1981 Vintage

Beer

Steinlager

Menu

☆

Entree

Cold Seafood and Seasonal Fruit Entree

Carvery

Honeyed Ham on Bone
Baron of Beef
Roast Leg of Pork
Roast Leg of Minted New Zealand Lamb

Main Course

Seafood on Ice Display
Hot Indian Curry and Rice
Lasagne
Battered Fish Tartare
Chinese Chicken
Selection of Continental Meats
Pommes Lyonnaise
Seasonal Vegetables

Baskets of Bread

Tomato and Mint Salad
Tossed Green Salad

Dessert

Brandy Snaps with Cream and Fruit
Chocolate Profiteroles
Pavlova with Seasonal Fruit
Sherry Trifle
Berry Pie
Fruit Salad and Ice Cream

Coffee

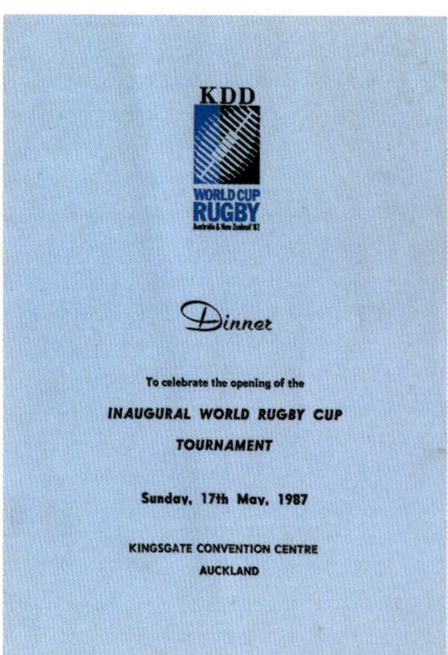

DÎNER INAUGURAL
DE LA COUPE
DU MONDE À AUCKLAND,
LE 17 MAI 1987

L'avion transportant l'équipe de France de rugby vient de se poser à Auckland, en Nouvelle-Zélande, pour une compétition de trente-huit jours au pays des All Blacks et des Wallabies. Aux joueurs encore à l'aéroport, on propose un flot de bière Steinlager ou des vins blancs, par exemple un Montana Marlborough Sauvignon, que l'on peut confronter à un Montana Gisborne Chardonnay 1986. La première Coupe du monde de rugby tiendra beaucoup de l'auberge espagnole ; Denis Lalanne aura cemot incisif : « Un modeste rassemblement scout. »
En fait, tout commence par le Kingsgate Convention Centre d'Auckland, où va se dérouler le dîner d'inauguration de cette Inaugural World Rugby Cup Tournament. Bien sûr, les membres de l'International Rugby Board sont tous là : Albert Ferrasse, John Kendall-Carpenter, K.A.

Pour cet Australie-France, demi-finale de la première Coupe du monde, il y a plus de telespectateurs français que pour les premiers pas de l'homme sur la Lune. Pierre Berbizier, demi de mélée (ci-dessous transmettant le ballon à son demi d'ouverture Franck Mesnel) : « Ça allait très vite. Pourtant, toute la partie, j'ai vu le match au ralenti. Comme si je participais avec le recul nécessaire.»

L'essai victorieux marqué dans les derniers instants par Serge Blanco contre l'Australie le samedi 13 juin 1987. Le talonneur Alan Lawton (numéro 2) dira : «Il me manquera toujours ces 50 cm dans ma vie.»

Rowlands, Danie Craven, Ronnie Dawson et bien d'autres. Les desserts du menu, notamment, vont mettre l'eau à la bouche : Profiteroles au chocolat et Pavlova aux fruits de saison...Le match d'ouverture Nouvelle-Zélande – Italie demeurera dans les mémoires. À 20 ans, John Kirwan le phénomène va passer en revue la plupart des Italiens, une sorte de partie de campagne très personnelle aboutissant à cette question : « Comment arrêter cet ailier exceptionnel ? »

À Christchurch, Serge Blanco, l'air de rien, va faire encore plus fort contre les Écossais, plus qu'un essai, quelque chose d'un hold-up (20-20). Et maintenant, 85 minutes de génie pur ce samedi 13 juin 1987 au Concord Oval de Sydney et ses 20 000 spectateurs. Pour cette demi-finale de la première Coupe du monde de rugby, qui oppose la France à l'Australie,

il y aura plus de téléspectateurs français que pour les premiers pas de l'homme sur la Lune. À cinq reprises en seconde mi-temps, la victoire changera de camp, tourneboulant les têtes. Ce n'est pas un essai que Serge Blanco écrira dans son dernier rush vers la Terre promise, mais un livre tout entier. Stephen Jones écrira dans le *Sunday Times* : « Ma réaction immédiate au coup de sifflet final fut de penser que je venais d'assister au plus grand match international de l'Histoire. Après plus ample réflexion, je persiste et je signe. » Quatre essais de Lorieux, Sella, Lagisquet, Blanco, contre deux essais de Campese et Codey...

Patrick Lemoine de *L'Équipe* affirmera : « Si la grande gueule était bien Fouroux, la star Blanco et le joueur emblématique Sella, le vrai taulier, le seul, l'unique c'était Berbizier. » 30-24, le match des matchs !

Curry d'agneau

Ingrédients

1,2 kg d'épaule d'agneau désossée
135 g de pois chiches secs
250 g de raisins de Smyrne
500 g d'oignons rouges
300 g de petits pois écossés
10 g de bâton de cannelle
280 g de tomates entières pelées au jus
80 cl d'eau minérale (ou filtrée)
35 g de gros sel
Huile d'olive

Ingrédients

3 kumquats taillés en bâtonnets
1 botte de menthe
50 g d'amandes effilées grillées

Pour la pâte épicée

50 g de gousses d'ail
70 g de persil plat
2 g de cumin en poudre
2 g de curry en poudre
2 g de curcuma en poudre
1 g de paprika fumé

Mots du chef : En hommage à cette première édition de la Coupe du monde, en 1987, je ne pouvais faire l'impasse sur la notion de « mixité », de « métissage », de « mélange »... Cette recette en est également une preuve éloquente. La saveur douce de l'agneau est sublimée par la pâte délicatement épicée et ses accompagnements gourmands ; un plat généreux et convivial qui comblera aussi bien les petits que les grands. Bon appétit !

La veille

- ***Rincer les pois chiches et les faire tremper dans trois fois leur volume d'eau.***
- ***Plonger les raisins secs dans un bol d'eau froide pour les réhydrater.***

Le lendemain

Réalisation de la pâte épicée : Dans un robot mixeur, hachez finement le persil plat (lavé) et les gousses d'ail épluchées, puis ajouter les épices mentionnées dans la liste. Mixer l'ensemble jusqu'à obtenir une belle texture uniforme.

Réalisation de la recette

- ***Mixer les tomates pelées.***
- ***Émincer les oignons rouges.***
- ***Tailler l'épaule d'agneau en gros cubes de 3 centimètres.***
- ***Verser un généreux filet d'huile d'olive dans une cocotte et faire revenir les cubes d'agneau à feu vif pendant 10 minutes, jusqu'à caramélisation.***
- ***Extraire les morceaux d'agneau tout en veillant à bien conserver les sucs restés sur les parois et au fond de la cocotte.***
- ***Dans la cocotte ayant servi à la cuisson de l'agneau, incorporer les oignons rouges et ajouter un filet d'huile d'olive pour les faire revenir à feu vif.***
- ***Dès que les oignons sont bien caramélisés, ajouter la cannelle, les tomates pelées mixées, la pâte épicée, les pois chiches, les raisins, l'eau minérale et le gros sel.***
- ***Incorporer les cubes d'agneau, porter à petite ébullition pour une cuisson de 45 minutes à couvert.***
- ***Goûter, assaisonner si nécessaire. Incorporer les petits pois et laisser compoter tout doucement 5 minutes.***

Dressage

Dans un beau plat familial, verser délicatement le curry, ajouter les amandes, les kumquats et parsemer de feuilles de menthe. Déguster sans attendre !

PAR OLIVIER MARGOT

France : 49 – Roumanie : 3

Agen cité capitale

11 novembre 1987

L R M

Réception
de l'International Board
of Rugby

LA MAISON DE LA RUCHE
AGEN
11 novembre 1987

Lamproie à la Bordelaise

Magret de canard
à la Périgourdine

Forestière de légumes

Cocktail de salades
à l'huile de noix

Cabecou de Laugnac

Mousse de pruneau / armagnac
au coulis de pomme verte

Café

Buzet cuvée spéciale
80 ans La Ruche Méridionale

Champagne Piper Heidsieck

REPAS EN L'HONNEUR DE L'IRB :
DÉJEUNER À LA MAISON DE LA RUCHE
ET DINER AU CAFÉ DE LA POSTE, À AGEN

Le mercredi 11 novembre 1987, une réunion de l'IRB (International Rugby Board) s'est déroulée à Agen, préfecture du Lot-et-Garonne. Albert Ferrasse, président de la FFR (Fédération française de rugby), président de l'International Board de Rugby (1979 et 1987), également président de la Fédération internationale de rugby amateur, avait réussi cet exploit que l'on pourrait, dans un sourire, qualifier d'interplanétaire. Après le repas festif – nous y reviendrons – se déroulerait le match France-Roumanie au stade Alfred-Armandie, riche de la nouvelle tribune officielle rénovée, capable d'accueillir 10 000 spectateurs. Une belle réussite pour ce gros bourg commerçant.
Albert Ferrasse et Guy Basquet, vice-président de la FFR, avaient fait une promenade matinale dans la ville, s'arrêtant à l'inévitable café de la Poste, devisant sur la qualité du restaurant de l'aéroport Agen-La Garenne tenu par la famille Pinard.
Albert Ferrasse avait un petit bureau dans la zone industrielle d'Agen-Boé : « Bois et matériaux Albert Ferrasse. », qu'il dirigeait avec le soutien de Marie-Antoinette Etchart, sa collaboratrice, ainsi que son secrétaire général parisien, M. Servolle. Guy Basquet, lui, habitait rue Danton, dans une maison qui avait abrité bien des comités de sélection et surtout le Sud-Africain Danie Craven, le maître du rugby et de son développement.
L'heure du déjeuner était arrivée, sponsorisé La Maison de la Ruche : chacun y dégusta un menu régional durant lequel un magret de canard légendaire fut dégusté, entre autres lamproie, cabecou et mousse de pruneau à l'Armagnac.
Le match ? Un France-Roumanie, souvent ardu mais pas cette fois. Est-ce le poids de la capitale du rugby français qui inhiba à ce point des Roumains rarement simples à jouer ? Toujours est-il que le score eut quelque chose d'effrayant : 49 à 3, soit sept essais français, dont deux de Lagisquet, deux d'Andrieu, un essai de pénalité, deux autres de Bérot et d'Ondarts, 15 points de coups de pied de Bérot. Les joueurs du capitaine Daniel Dubroca avaient été impitoyables.

À droite, Pierre Berbizier, toujours aux commandes. On reconnait de gauche à droite : Ondarts, Dubroca, Rodriguez, Berbizier.

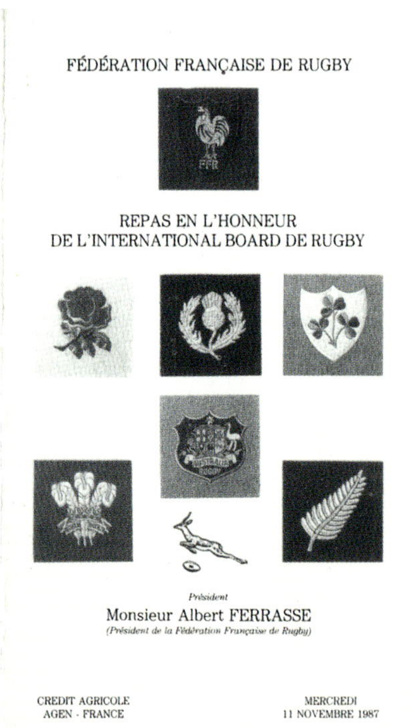

FÉDÉRATION FRANÇAISE DE RUGBY

REPAS EN L'HONNEUR
DE L'INTERNATIONAL BOARD DE RUGBY

Président
Monsieur Albert FERRASSE
(Président de la Fédération Française de Rugby)

CREDIT AGRICOLE
AGEN - FRANCE

MERCREDI
11 NOVEMBRE 1987

Les 8 blasons du rugby mondial.

Vint l'heure du dîner, sponsorisé par le Crédit Agricole et le café de la Poste. Sur le menu du banquet trônaient les huit blasons majeurs du rugby mondial. Auprès de Ferrasse et de Basquet, siégeait Charles Calbet, capitaine de l'équipe du Sporting Union Agenais (SUA) de 1945, instituteur et historien du club : Charles Calbet, surnommé « Le Connétable », grand homme habitant dans un modeste logis, dans le quartier Floréal…L'instant de la dégustation étant arrivé, les convives surent apprécier successivement une lotte à l'américaine, un confit de canard

À gauche, Pierre Lacroix, l'homme de la grandeur du rugby agenais.
À droite, le Café de la Poste à Agen : haut lieu du rugby !

vieille France, un cocktail de salades, un brie de Meaux, et enfin, une coupe agenaise. Les vins accentuèrent le bien-être : Duras blanc ; Côtes-de-Buzet ; Lançon brut. Café pour finir et se rendre au stade. Le docteur Pierre Esquirol, maire d'Agen, eut ces mots : « Le Sporting Rugby est la flamme de la ville. »

Albert Ferrasse.

Michel Serres, philosophe et gloire locale, prit le relais : « Ils ont détruit complètement le rapport animal qu'il y avait entre Agen et la Garonne. Agen était un port, on ne peut imaginer cela aujourd'hui. » Albert Ferrasse, quant à lui, profitant de la présence de plusieurs membres de l'International Board, en avait tiré avantage pour postuler, puis obtenir, l'organisation d'un match de la Coupe du monde de rugby à l'automne 1991.

Ce soir-là, le café de la Poste ferma très tard.

Magret de canard en carpaccio

Ingrédients

750 g de magret de canard
90 g de parmesan
Piment d'Espelette
1 oignon nouveau découpé en très fines rondelles
1 branche de basilic
Fleur de sel
Poivre
Huile d'olive
Vinaigre de grenade
Graines de tournesol torréfiées
1 citron vert
Graines de grenade

Mots du chef : Ce match France-Roumanie dans la ville d'Agen mérite qu'on célèbre un produit phare du Sud-Ouest : le canard. Comme nous le savons tous, la combinaison rubgy + canard a toujours été indissociable dans cette région. Marié ici avec la grenade et rehaussé d'un savoureux assaisonnement, le canard a un goût que l'on reconnaît entre tous, une viande qui ne manque pas de force. Cette recette qui se concocte en 10 minutes va séduire les carnivores. Quant aux stupéfaits qui ignoraient que le canard pouvait se déguster cru, je peux leur assurer qu'une fois qu'ils auront goûté ce carpaccio, ils y seront accros. Bon appétit !

Réalisation

- ***Retirer la pellicule de graisse de votre magret (la conserver pour d'autres utilisations : voir Conseil du chef plus bas).***
- ***Assaisonner le magret de sel, poivre et piment d'Espelette, puis laisser mariner 15 minutes à température ambiante.***
- ***Faire saisir rapidement et à feu vif le magret dans une poêle (pour une cuisson bleue).***
- ***Le laisser refroidir à température ambiante (opération qui permet de raffermir les chairs).***
- ***Tailler le magret en fines tranches et les déposer sur un beau plat rectangulaire.***
- ***Déposer quelques graines de grenade, de fines rondelles d'oignon, quelques petits morceaux de basilic et de fins copeaux de parmesan.***
- ***Assaisonner d'une pointe de piment d'Espelette, fleur de sel, d'un trait d'huile d'olive et de quelques gouttes de vinaigre de grenade.***
- ***Terminer par quelques graines de tournesol torréfiées et des zestes de citron vert.***

Conseil du chef : *Je vous conseille de réaliser cette recette une bonne demi-heure avant de servir afin que les magrets s'imprègnent de toutes les saveurs. Concernant la graisse que vous avez extraite du magret, elle vous servira dans de multiples réalisations (risottos, sauté de légumes, cuisson de vos viandes ou de vos poissons…). Il vous suffit de l'assaisonner de sel, poivre et piment d'Espelette puis de la rouler en la serrant très fortement et de la déposer dans votre congélateur sous film alimentaire. Il vous sera très facile de la tailler en fins morceaux (même congelée) et de l'utiliser comme graisse qui rehaussera la saveur de vos plats.*

Autour des années 1989-1991

Les "dîners du mardi"

Pascal Ondarts, pilier légendaire.... et gentleman.

AU CRILLON, AVANT LES MATCHS DU XV DE FRANCE

Avant chaque match de l'équipe de France, les joueurs et entraîneur se réunissaient tous les mardis au restaurant Le Coq Héron du chef Gérard Besson pour se détendre avant le stress du coup d'envoi – avec toute la joie et l'enthousiasme qui peuvent caractériser l'opportunité de se retrouver dans un tel lieu ! –, et ils venaient comme ils en avaient l'habitude, décontractés… Or, c'était sans compter la clientèle des habitués, habitués à un code vestimentaire strict !

Parmi la clientèle, se trouvait Mme Dubuisson, une dame d'une grande renommée, élégante et discrète. Choquée par la tenue des joueurs – qui ne portaient pas de cravate : codes de l'époque ! –, elle n'hésita pas à manifester sa désapprobation auprès du chef qui se trouva soudain bien embêté ! Mais quel ne fut pas son étonnement quand Pascal Ondarts – pilier droit et légende du rugby – se dirigea vers cette dame pour lui présenter ses humbles excuses, et avec la plus grande sincérité. Celle-ci, surprise, fut touchée en plein cœur et proposa alors que les « dîners du mardi » aient lieu au Crillon où l'équipe serait invitée par ses soins. C'est lors d'un de ces mardis d'agapes qu'avec le chef Constant dont j'étais le sous-chef, on concocta cette tarte au chocolat qui est pour moi non seulement symbole de gourmandise absolue, mais de réunion, de joie et de partage ! Je me souviendrai toujours des mines réjouies des membres de l'équipe de France en la dégustant. Un silence cérémonieux suivi d'un brouhaha de louanges plus que méritées !

Je dois avouer que j'ai la nostalgie de ces fameux « dîners du mardi »… Même si le lecteur peut sembler surpris de constater qu'un tel repas ait été organisé à quelques jours d'un match… l'époque était différente, les codes de l'Ovalie étaient mille fois moins stricts qu'aujourd'hui et c'était un sport amateur. Ces dîners n'existent plus et c'est fort dommage car ils représentaient l'union et l'humain !

Tarte au chocolat de Christian Constant

Ingrédients

Pour la pâte

50 g de farine
15 g de poudre d'amande
1 cuillère à café de poudre de cacao
1 œuf
40 g de beurre
15 g de sucre semoule

Pour la ganache

250 g de chocolat noir type Guanaja 70 %
125 g de chocolat au lait – 50% cacao minimum
3 jaunes d'œufs
25 cl de lait demi-écrémé
25 cl de crème liquide
80 g de sucre semoule

Pour le glaçage miroir

2 feuilles de gélatine
6 cl d'eau minérale ou filtrée
50 g de crème liquide
35 g de poudre de cacao
110 g de sucre semoule

Réalisation de la pâte à tarte

- *Dans un récipient (bol mixeur), mixer le beurre et le sucre à petite vitesse.*
- *Incorporer la poudre d'amande, l'œuf, la farine et le cacao jusqu'à obtenir une belle texture homogène et lisse.*
- *Former ensuite une boule avec la pâte et l'aplatir légèrement entre vos mains ; placer au réfrigérateur 30 minutes.*
- *Préchauffer le four à 180° degrés.*
- *Étaler la pâte sur 3 millimètres d'épaisseur puis garnir un plat à tarte ; enfourner 12 minutes.*
- *Extraire du four, réserver.*

Réalisation de la ganache

- *Concasser les deux chocolats, verser les morceaux dans un saladier. Réserver.*
- *Dans une casserole, porter le lait et la crème à ébullition.*
- *Dans un saladier, fouetter les jaunes d'œufs avec le sucre jusqu'à les faire blanchir, verser délicatement la crème et le lait bouillants.*
- *Transvaser l'appareil dans une casserole et laisser cuire quelques minutes.*
- *Verser la crème sur les chocolats et bien remuer jusqu'à obtenir une belle texture homogène.*
- *Napper le fond de tarte et placer au réfrigérateur pendant 3 heures minimum.*

Réalisation du glaçage miroir

- *Dans un récipient d'eau froide, faire ramollir les feuilles de gélatine.*
- *Dans une petite casserole, mélanger les 6 centilitres d'eau, la crème, le cacao et le sucre.*
- *Porter l'ensemble à ébullition tout en remuant avec une spatule en bois.*
- *Incorporer les feuilles de gélatine dans le mélange cacao et mélanger délicatement pour annuler toute bulle d'air. Réserver.*
- *Une fois la tarte bien refroidie, l'extraire du réfrigérateur et verser délicatement le miroir.*
- *Déposer la tarte au frais pour ½ heure minimum.*
- *Servir la tarte bien refroidie !*

<u>Mots du chef :</u> Indissociable de ce dîner au Crillon en compagnie de l'équipe de France… ma recette de tarte au chocolat favorite. Apprise auprès de mon mentor et ami Christian Constant qui m'a formé de A à Z et qui m'a fait découvrir ce pur délice. Réalisée ici avec un glaçage miroir : vous pouvez néanmoins sauter cette étape et orner cette tarte de copeaux de chocolat ou de noisettes concassées, voire de framboises… Tout mariage sera sublimé par sa ganache divine et sa pâte cacaotée délicate. Rapide et facile à exécuter, tous les gourmets et les gourmands seront comblés par sa saveur et sa texture ultra-gourmande. Comme La Rochefoucauld le disait avec justesse : « Aimez le chocolat à fond, sans complexe ni fausse honte, car rappelez-vous : sans un grain de folie, il n'est point d'homme raisonnable ! », et cette tarte doublement chocolatée divine va vous faire perdre la raison.

France : 19 – Écosse : 3

Un femme dans un banquet écossais ?

18 mars 1989

Philippe Dintrans et Laurent Rodriguez laissent éclater leur joie dans les vestiaires après la victoire.

BANQUET D'APRÈS-MATCH

C'était le 18 mars 1989 et la France remportait le Tournoi des Cinq Nations par un superbe 19-3 contre l'Écosse. Hystérie collective, joie absolue… une victoire gravée dans le marbre ! Tout comme « l'action » extraordinaire de Dominique Bonnot, amie et journaliste pour *L'Équipe*, qui reste et restera héroïque. En effet, Dominique est la seule femme ayant osé l'impensable : s'immiscer dans un banquet dédié au rugby au Royaume-Uni ; un honneur qui était uniquement autorisé à la gent masculine – hormis Son Altesse

sérénissime Élisabeth II et la princesse Anne ! Lors de cette grandiose victoire de la France contre l'Écosse, la fête s'annonçait exceptionnelle et personne n'aurait voulu manquer le banquet tant attendu. Dominique n'a pas hésité à se travestir afin de pénétrer au cœur du saint des saints, vêtue d'un smoking, maquillée d'une moustache dessinée à l'aide d'un bouchon de champagne brûlé, gominée comme une star des années 1930 ; la voilà partie – le cœur vaillant, mais vacillant – avec l'allure d'un véritable dandy. Malgré sa volonté de vivre *in situ* cet évènement, Dominique avait paradoxalement la culpabilité de rompre un pacte moral, de commettre un sacrilège vis-à-vis de l'éthique liée au rugby… mais oser braver l'interdit l'a emporté ! Ses amis proches étaient de connivence (Pierre Berbizier, Laurent Rodriguez, Louis Armary) et malgré l'amusement procuré par cet acte audacieux, ils appréhendaient – tout comme elle – un échec. Si Dominique a pu bluffer la sécurité pour entrer sans difficulté et s'installer à une table proche de l'entrée, elle a rapidement été repérée et a dû quitter les lieux en ayant dégusté un simple canapé. Gentiment raccompagnée à la porte sans avoir le privilège de participer au banquet, Dominique a eu néanmoins la satisfaction de pouvoir écrire un papier sur son aventure… une aventure qui restera à jamais comme un exemple d'audace vis-à-vis de codes et de règles protocolaires séculaires (que l'on pourrait même qualifier de surannées, au XXIe siècle). Dominique est la seule femme au monde à avoir réussi cette prouesse, celle de pénétrer ce cercle si fermé, et je n'ai qu'un mot : Bravo ! Je dirais pour conclure que c'est aussi ça la magie de la cuisine : l'audace.

PAR OLIVIER MARGOT

France : 19 – Canada : 13

Comme des bûcherons

13 octobre 1991

DÎNER D'APRÈS-MATCH

Dans la première partie de cette deuxième Coupe du monde de rugby, deux équipes des plus inattendues, celles du Canada et des Samoa, s'apprêtent à tenir lieu d'attractions. En attendant le match de poule France-Canada qui doit se dérouler à Agen, de nombreux observateurs ont préféré s'arrêter aux séquelles du combat fédéral qui a opposé Albert Ferrasse à Jean Fabre. Ce dernier avait reçu la promesse de succéder à l'indéboulonnable Ferrasse, avant d'être écarté. Une manœuvre qui laissera des traces pour longtemps. Drôle de climat. La preuve : l'éviction consternante de Pierre Berbizier lui-même. D'évidence, toute sérénité s'est enfuie au sein du groupe France… Dans la perspective du France-Canada programmé au stade Alfred-Armandie le 13 octobre 1991, il avait fallu bâtir une nouvelle tribune Marathon. Le Canada et son rugby donc, capable de créer un journal joliment intitulé *Scrum Down* (« mêlée écroulée »). Le 30 septembre précédent, le XV de France en tournée a disputé un test-match à Galgary, face à un pack de fort tonnage et des arrières d'une belle vélocité. 24-9 avait été un moindre mal pour de valeureux Canadiens, dépassés par ces grands noms : Rives (capitaine), Aguirre, Gallion, Bastiat, Novès, Paparemborde, Cholley, Saint-André… Pour rejoindre son poste de talonneur à Calgary, Mike Luke, professeur de français et d'allemand à l'université de Terre-Neuve, avait dû parcourir 8 000 kilomètres en dix jours de route. Des solides, ces Canadiens !

COUPE DU MONDE DE RUGBY

FRANCE - CANADA

AGEN - 13 OCTOBRE 1991

F.F.R.

PÉRIGORD-AGENAIS

Sauvignon Blanc

Buzet

Café

Champagne

Paupiettes de Saumon
au beurre de Homard et de Foie gras

Châpon rôti à la broche
déglacé au jus de Truffe

Forestière de Pommes et de Cèpes

Salade

Délices de la Ferme

Crêpe à la Grecque

Le XV de France d'Abdel Benazzi a souffert face à des Canadiens "tous taillés comme des bûcherons" selon l'expression d'Éric Champ.

Deux matches dans le Colorado, une descente en rafting, un match amical contre la Roumanie (21-33), un autre à Cardiff (9-22) et le XV de France pouvait entrer dans l'arène de la World Cup. Le 4 octobre à Béziers, l'équipe de Roumanie s'inclinait lourdement 30 à 3. Quatre jours plus tard à Grenoble, les Fidjiens encaissaient un rude 33 à 9, soit six essais français à un. Autoproclamé « escroc », Jean-Baptiste Lafond venait d'inscrire quatre essais personnels en trois matches de poule ; ce « Jean-Ba » était à l'évidence bien meilleur qu'un ailier de fortune. Restait ce France-Canada au stade Alfred-Armandie que tout Agen attendait depuis des mois...

Témoignage d'Éric Champ, troisième ligne de Toulon : « Il nous restait à finir le boulot contre le Canada. Et là, pas pareil… Ce match à Agen fut très, très dur. Les Canadiens étaient tous taillés comme des bûcherons ! Et Rees, leur demi d'ouverture, avait un sacré coup de "chausson". » Dès la dixième minute pourtant, Lafond avait planté son cinquième essai. Tout sauf un « escroc » décidément. Éric Champ à nouveau : « On s'en sort juste, 19 à 13, on a tremblé jusqu'au bout. Et puis, il y avait la délicate histoire des primes… » L'atmosphère se faisait toujours plus lourde. Le dîner survint à point nommé. Il y avait de quoi échanger toute la nuit, après cette sérieuse défaillance contre le Canada. L'équipe de France jouerait son quart de finale contre l'Angleterre, à Paris. Allons, sachons profiter du moment, insistait Jacky Laurans. Le pire surviendra le samedi 19 octobre, au Parc des Princes, jusqu'à la sidération. Le capitaine Serge Blanco, jusque-là en demi-teinte, est la proie de la perfide Albion, d'autant plus que l'arbitre néo-zélandais David Bishop a décidé de ne rien voir. La consigne anglaise était sans équivoque : « sécher Blanco ». Pour son ultime match international en France, « Sergio » se fait piétiner par les avants anglais. Une honte qu'on ne risque pas d'oublier. Blanco se fait « destroncher », l'arbitre n'intervient guère, Éric Champ donne un « coup de casque » à Skinner, puis l'ailier Heslop file un « caramel » à Blanco, qui riposte… Ce n'est plus un match, c'est un guet-apens. On connaît la suite, l'amère défaite française 19-10, malgré le sixième essai en quatre matches de Jean-Baptiste Lafond qui termine meilleur marqueur de la compétition, tout comme David Campese, le pur artiste australien qui aura largement contribué à la victoire de l'Australie dans cette deuxième Coupe du monde, les Wallabies l'emportant sur l'Angleterre 12 à 6, en finale à Twickenham.

Dans les couloirs du Parc des Princes, Daniel Dubroca hors de lui secouera David Bishop, triste arbitre. On parlera alors d'indignité française… Tony Roche, remarquable journaliste écrira : « Ce n'est pas l'Angleterre avec son pauvre jeu qui a gagné, mais la France qui a perdu la tête. »

Blinis moelleux fourrés au boudin noir

Ingrédients

60 g de boudin noir de votre artisan-boucher (10 g par personne)
250 g de pommes de terre Charlotte
2,5 cl de lait bio
1 œuf entier (gros calibre)
1 cuillère 1/2 à soupe de farine
1 râpé de noix de muscade
Beurre
Sel fin
Poivre du moulin
Piment d'Espelette

Réalisation

- ***Laver et éplucher les Charlotte puis les faire cuire dans 1 litre d'eau bouillante salée (10 grammes de sel).***
- ***Bien les égoutter puis les passer au presse-purée.***
- ***Incorporer progressivement le lait froid aux pommes de terre bien chaudes et mélanger soigneusement ; ajouter ensuite l'œuf, la farine, puis assaisonner d'une pincée de sel, de poivre, de muscade râpée ; mélanger délicatement afin d'obtenir une pâte onctueuse et lisse.***
- ***Dans une grande poêle antiadhésive chaude et légèrement beurrée, verser la pâte et former plusieurs blinis ; incorporer dans chacun le boudin noir puis les retourner délicatement pour faire cuire le boudin.***
- ***Assaisonner d'une pointe de piment d'Espelette et d'une pincée de sel, déguster !***

Conseil du chef :

- *Pour gagner du temps, vous pouvez préparer la pâte à blinis à l'avance ; en revanche, il faut les cuire à la dernière minute.*
- *Une entrée rapidement réalisée qui va enchanter vos papilles et vous ouvrir la porte d'autres déclinaisons ; je vous conseille l'association avec l'anguille, un mariage tout aussi savoureux.*

Mots du chef : Je me souviendrai toute ma vie de mon premier voyage à Alberta, au Canada, avec Pierrot, mon « tonton d'Amérique ». Celui-ci m'avait invité au stade du Commonwealth et j'étais vraiment heureux et excité par la découverte de ce lieu mythique. En souvenir de ce merveilleux séjour qui me laisse une poignante nostalgie dans le cœur, je vous propose ici une recette qui sera couronnée de succès. Si le pancake canadien a ponctué mon séjour, je souhaite ici en réaliser ma version, avec une base de pommes de terre, associée au boudin noir ! Je me suis inspiré de la « crêpe vonnassienne » (spécialité créée par la mère Blanc, grand-mère du grand chef Georges Blanc), et vous allez succomber devant la texture et la saveur de ce blini/pancake si gourmand. Bon appétit !

PAR OLIVIER MARGOT

France : 16 – Australie : 13

Une couleur bleue

29 octobre 1993

Philippe Dintrans et Jean-Pierre Garuet au dîner d'avant-match.

DÎNER D'AVANT-MATCH À BORDEAUX

Muscat Beaumes de Venise
Pierre ROUGON

Perlant
Gérard BERTRAND

Buzet Rouge 1990
Cuvée Spéciale Dominique ERBANI

Lalande Pomerol 1990
Jean-Baptiste LAFOND

Champagne Chassenay d'Arce
Laurent CABANNES

Café Le Bonifieur
Jean-Patrick LESCARBOURA

Les vins et les produits sont fournis
par les Gastronomes du Rugby

Duo de Foie de Canard
Société Labeyrie

Magret sauce poivre vert
Société Labeyrie
à la pomme golden
Daniel DUBROCA

Cassoulet
Claude SPANGHERO

Fromage des Pyrénées
Stéphane GRAOU

Nougat glacé et son coulis de framboise
Didier, Gilles et Lilian CAMBERABERO

Douceur de Jacquemart
Philippe SAINT-ANDRE

Tous les plats sont préparés et servis
par Claude CANDESSANCHE Traiteur et son équipe
473 avenue du Maréchal de Lattre de Tassigny
33200 BORDEAUX CAUDERAN - Tél. 56.28.35.46

Au menu : foie gras, magret et cassoulet… pour prendre des forces !

Le vendredi 29 octobre 1993, veille de la rencontre de rugby France-Australie, Philippe Madrelle, sénateur-maire de Carbon-Blanc, président du conseil général de la Gironde, offre le dîner dans les salons du conseil général. En attendant le jour qui vient, Philippe Madrelle raconte les deux test-matchs de l'été Afrique du Sud-France. Le 26 juin, au King's Park de Durban, le XV de France a dû se contenter du match nul, 20-20. Puis, le 3 juillet, les Bleus ont arraché la victoire (17-18) dans la série des tests à l'Ellis Park de Johannesburg, grâce à quatre buts de pénalité et un drop-goal de Thierry Lacroix : « La force d'un grand buteur, c'est de ne pas forcer le coup de pied. »
Samedi 30 octobre, Stade municipal, Parc Lescure, Bordeaux. Tout est en place pour un jour immense. En face, les champions du monde en

titre, forts de leurs cracks : Campese, Little, Horan, Kearns, Lynagh le capitaine… Jamais on n'oubliera ce ciel si bleu, tel un maillot de rêve. Les Bleus gagneront 16 à 13, un essai d'Aubin Hueber, un but, une transformation de Lacroix, deux drops de Penaud et Sadourny. Au coup de sifflet final, dans cette lumière miraculeuse de l'automne bordelais, Pierre Berbizier s'enfuit. Tandis que les Bleus s'étreignent doucement, que les Oranges se prennent la tête dans les mains, dans la dignité du rugby, « Berbize » est déjà dans l'immense tunnel du Parc Lescure, stade historique. Il déclarera : « Ce long couloir, je voulais le parcourir égoïstement. Je savais qu'au bout il y avait la lumière, et cette lumière, je voulais la croquer. J'avais envie d'être le premier au vestiaire pour les accueillir, comme j'avais été le dernier à en sortir. » Les joueurs le suivent, graves encore, d'un pas plus lourd, d'un cœur léger. Ils ne rient pas, ils ne pleurent pas. Philippe Sella est le dernier à rentrer au vestiaire, serrant le ballon du match comme on porte un enfant endormi. L'entraîneur

Thierry Lacroix, auteur d'une transformation contre les Australiens, dans les vestiaires après la victoire.

Olivier Roumat laisse éclater sa joie après la victoire contre les Australiens.

australien Bob Dwyer enlève son chapeau et félicite les vainqueurs. Tout a commencé dans le paddock deux heures plus tôt. C'est un ballet moderne où se croisent les blazers-cravates fatigués, où les joueurs sont ailleurs et les officiels tellement là, séparés à jamais par la réalité de la jeunesse. Berbizier leur parle, un par un, la voix enfle. « Il faut leur éviter le doute… Un silence, un mot, un silence… J'essaie de retrouver le rythme d'un match : un temps fort, un temps faible… » 13 à 10 à la mi-temps. Berbizier les fait sourire : « Les rois de la défense contre les champions du monde de l'attaque ». Les Bleus plaquent comme on aime : avec frénésie. Ils coupent les ailes des Australiens, les reprennent par le maillot, par le cœur, par miracle. Mais c'est de son camp que Thierry Lacroix réussit le but de la victoire. Un coup de pied de 55 mètres, subtil et délicat, une caresse. Pour ce long voyage, il a posé le ballon sur le vent, le guidant sans forcer jusqu'au dernier moment. Il savait qu'il passerait juste. Les mots de Lacroix : « J'avais fait le vide, je suis une île. »

Soupe de foie gras et son nuage de cacao

Ingrédients

1 foie gras de canard de 750 g (chez votre artisan boucher – ou ma recette maison, en bas de page)
1/2 l de lait écrémé
1 cuillère à soupe de Maïzena
1 cuillère à soupe d'eau minérale (ou filtrée)
Sel
Poivre noir
Piment d'Espelette
Cacao en poudre

Mots du chef : Nos grands joueurs tels que Dubroca, Graou et Spanghero, sont devenus des producteurs, aussi animés par leur passion qu'inspirés par les produits de notre terroir. C'est aussi grâce à des hommes tels que ces grands sportifs que je cuisine avec le même enthousiasme depuis des décennies. Je ne peux également me permettre d'omettre les partenaires natifs du Sud-Ouest qui ont toujours été supporteurs de ce noble sport, comme la maison Labeyrie. En hommage à cette prestigieuse maison et ce produit d'exception, je vous propose ici une recette d'une saveur irrésistible et d'une réalisation ultrarapide. Cette soupe de foie gras parfumée d'un délicat nuage de cacao se concocte le temps… d'une mi-temps. Il suffit de découvrir (oh joie !) un pot de foie gras oublié au fond du frigo ou d'un placard pour réaliser un plat de très haute volée. Bon appétit !

Réalisation

- ***Découper le foie gras en morceaux ; en réserver quelques-uns pour le dressage final.***
- ***Dans une casserole et à feu doux, faire chauffer le lait, saler, poivrer, et ajouter une pointe de piment d'Espelette.***
- ***Incorporer les morceaux de foie gras. Dès la première ébullition verser l'appareil dans un haut récipient et mixer jusqu'à obtenir une belle texture.***
- ***Dans un bol, mélanger la Maïzena et l'eau minérale (ou filtrée) et l'incorporer à l'appareil tout en mixant.***
- ***Redonner une légère ébullition et vérifier l'assaisonnement.***

Dressage

- ***Verser la soupe dans de jolis récipients individuels, incorporer les petits morceaux de foie gras mis de côté, saupoudrer de cacao et déguster !***

Recette de mon foie gras maison

- ***Sortir le foie gras 1 heure avant sa cuisson ; profiter de ce délai pour l'éveiner et lui ôter le fiel (si vous hésitez à exécuter cette opération, votre boucher s'en chargera. Cela étant, c'est très simple : il suffit de séparer les deux lobes ; d'inciser le gros à l'aide d'un petit couteau, de détacher la veine en tirant délicatement vers soi et de procéder de la même manière sur le petit lobe).***
- ***Déposer ensuite le foie dans un saladier et le couvrir d'une moitié de lait et d'une moitié d'eau et ce, afin qu'il soit totalement immergé.***
- ***Laisser reposer au réfrigérateur pendant 2 heures.***
- ***Extraire le foie du saladier et bien le sécher.***
- ***Rouler le foie dans le poivre et le sel puis le déposer dans une terrine.***
- ***Déposer la terrine au micro-ondes en position « cuisson » pendant 2 minutes 30.***
- ***Déposer au réfrigérateur pendant 24 heures.***

Conseil du chef : *Une pointe de porto, d'armagnac ou de cognac comblera les gourmets.*

PAR OLIVIER MARGOT

Écosse : 12 – France : 20

Flower of Scotland

19 mars 1994

MENU

Smoked Scottish Salmon with Prawns
Masked with a Whisky & Tomato Flavoured Sauce

– ø –

Haggis Wi' Neeps N Tatties

– ø –

Roast Fillet of Scottish Beef
with Woodland Mushroom Moneybags
served on a Sherry and Tomato Jus

– ø –

Dark Whisky Truffle Gateau
with Thick Cream

– ø –

Coffee and Mints

TOAST LIST

Grace

– ø –

The Queen

– ø –

The French Fifteen

Proposed by
Jock Steven
President:
Scottish Rugby Union

Reply by
Philippe Saint Andre
Captain:
French Fifteen

– ø –

The Scottish Fifteen

Proposed by
Bernard Lapasset
President:
Fédération Française de Rugby

Reply by
Gavin Hastings, O.B.E.
Captain:
Scottish Fifteen

– ø –

Auld Lang Syne

BANQUET D'APRÈS-MATCH AU CARLTON HIGHLAND HOTEL D'ÉDIMBOURG

René Char, beau deuxième ligne de rugby et immense poète, écrivait : « La lucidité, c'est la blessure la plus proche du soleil. » Nous sommes à Murrayfield, le 19 mars 1994. Ce match Écosse-France promet beaucoup, d'autant que Pierre Berbizier vénère toujours autant la puissance du détail... Dans le tournoi précédent, l'Écosse a réussi un très beau parcours en tordant l'Irlande 15-3, puis en surclassant le pays de Galles 20-0. Dans trois mois, l'équipe du capitaine Philippe Saint-André aura rejoint la Nouvelle-Zélande, pour ce qui restera comme un chef-d'œuvre du sport français. En attendant la rencontre contre les Écossais, ils échangent, imaginent, déambulent, passent le temps comme on passe un ballon. Ils rêvent d'une exécution magistrale, dans la volonté de donner une forme à ce qui n'en a pas encore. Par petites touches, la mêlée française est remodelée, afin de mieux combattre les All Blacks. Le soir, ils racontent quelques faits d'armes, le fleuve du temps les ramène à deux parcours picaresques. D'abord, l'inoubliable rencontre Écosse-France du 4 février 1978 quand le XV de France, mené 13-0, l'emporta 16-19 ! Jamais le Tournoi n'avait connu un tel renversement. Le second récit épique relève d'un supplément au roman national des Écossais. Il s'agit bien sûr de *Flower of Scotland*, ce refrain racontant la bataille de Bannockburn durant laquelle en 1314, l'armée écossaise écrasa l'armée anglaise menée par le roi Édouard II –, dont, lors de la tournée des Lions britanniques et irlandais en Afrique du Sud en 1974, les Écossais menés par Billy Steele et Gordon Brown ont fait à la fois un hymne,

La Princesse Anne regarde son équipe perdre contre les Français ce 19 mars 1994 à Murrayfield.

Le Roi d'Écosse, exhorte ses soldats avant la bataille de Bannockburn contre les Anglais, en 1314 ; c'est l'hymne écossais.

Olivier Merle, dit "l'homme et demi" (avec le bandeau) et derrière lui Laurent Seigne et Abdel Benazzi déjà côte à côte… comme ils le seront à la table 6 du banquet quelques heures plus tard pour arroser leur victoire !

un chant de ralliement et un cri de guerre. « Nous chantions entre nous *God Save The Queen*, raconte le pilier gauche David Sole. Puis, dans le bus, nous entonnions *Flower of Scotland*. » Sole, promu capitaine en 1989, Scott Hastings et 10 000 supporters ont réussi à faire de ce chant l'hymne écossais. Sole a gagné les cœurs ! Le 17 mars 1990, l'Écosse accueillait l'Angleterre, Grand Chelem en jeu. Culture, histoire, rivalité, tout était là. Derrière leur capitaine, les Écossais pénétrèrent au pas ce jour-là sur le terrain de Murrayfield et, pour la première fois, devant la princesse Anne, ils entonnèrent deux couplets de *Flower of Scotland*, repris par 60 000 poitrines. Survolté, le XV d'Écosse s'imposa par 13 à 7, remportant le troisième Grand Chelem de son histoire (1925, 1984, 1990). Abreuvée de larmes de joie, ce fut une émotion sans pareille.

Édimbourg, 19 mars 1994, stade de Murrayfield, 49 000 spectateurs. Soleil, puis giboulées. À la mi-temps, le XV de France mène 13 à 9, un essai de Jean-Luc Sadourny et deux buts de Thierry Lacroix, contre trois buts du capitaine Gavin Hastings. En seconde période, l'essai de Philippe Saint-André à la 55e minute, transformé par Pierre Montlaur, fait un break définitif. Victoire française très rassurante par 20 points à 12.

Le soir, la Scotish Rugby Union donne le dîner au Carlton Highland Hotel, sous l'égide du président J.B. Steven, en l'honneur de l'équipe de France. La table numéro 6, celle de Pierre Berbizier, est très fréquentée. Hugh Campbell, le coach de l'Écosse, Abdel Benazzi, Xavier Blond, Yves Noé, Laurent Seigne, William Téchoueyres et bien d'autres, le verre de Dark Whisky à la main, se partagent les chaises.

« Berbize » a compris que sa troisième ligne en Nouvelle-Zélande sera constituée de Cabannes, Benazzi et Benetton. Avec Califano à la place de Seigne, la première ligne française sera redoutable au pays du long nuage blanc…
Sans surprise, le dîner débute par du saumon fumé écossais avec son bouquet de crevettes, en attendant le fameux et inévitable *haggis*… Le Dark Whisky a fait son œuvre. En Écosse, un banquet ne serait pas un banquet sans chansons. Tous se lèvent, beaucoup frissonnent lorsqu'ils entendent ce cri de guerre et de ralliement datant du XIVe siècle :

Ô Fleur d'Écosse
Quand reverrons-nous
Tes semblables
Qui se sont battus et sont morts pour
Tes humbles collines et vallées
Et se sont dressés contre lui,
L'armée du fier Édouard
Et l'ont renvoyé chez lui
Pour qu'il y réfléchisse à deux fois.

L'essai de Philippe Saint-André qui offre la victoire aux Français.

Asperges cuisinées comme un risotto, saumon fumé, parmesan, noisettes torréfiées

Réalisation

- ***Découper le saumon en lanières. Réserver.***
- ***Nettoyer les asperges puis les sécher sur un linge propre.***
- ***Tailler les pointes (têtes) sur 2 centimètres de longueur. Réserver.***
- ***À l'aide d'un économe, éplucher les queues et les tailler en gros cubes.***
- ***Découper très finement les échalotes puis les faire suer dans un faitout avec une généreuse cuillère à soupe d'huile d'olive.***
- ***Incorporer les queues d'asperges taillées en cubes et laisser cuire 5 minutes à feu doux, tout en remuant.***
- ***Verser le bouillon de volaille, la crème fraîche et porter à ébullition durant 2 minutes.***
- ***Ajouter les têtes d'asperges (en réserver pour le dressage) et les copeaux de parmesan, puis faire cuire 2 minutes en mélangeant délicatement.***

Ingrédients

1 botte d'asperges blanches
1 beau saumon fumé découpé en lanières
2 échalotes
1 bouillon de volaille (ou de légumes)
30 g de parmesan
25 g de noisettes torréfiées
Ciboulette
15 cl de crème fraîche épaisse
15 cl d'eau minérale (ou filtrée)
Huile d'olive

Dressage

- ***Extraire les têtes du risotto.***
- ***Verser le risotto dans de jolis bols (ou belles petites assiettes individuelles)***
- ***Déposer les lanières de saumon fumé puis planter délicatement les têtes d'asperges.***
- ***Terminer par les noisettes torréfiées, la ciboulette ciselée et un ultime trait d'huile d'olive.***

Conseil du chef :

- *Au-delà d'être un légume d'exception, l'asperge est un précieux allié santé. Source de vitamines et de minéraux, elle est très peu calorique, riche en fibres et en antioxydants... dégustez-la sans modération.*
- *Je vous déconseille de réaliser cette recette avec des asperges vertes qui ne supporteraient pas cette cuisson.*
- *Pour vos dîners automnaux et hivernaux, n'hésitez pas à cuisiner ce risotto en utilisant du céleri-rave, une revisite originale et gourmande pour un excellent légume qu'on a souvent tendance à oublier !*

Mots du chef : Si l'Écosse s'est inclinée face à nos XV lors de ce grand match du 19 mars 1994, il n'est que justice que de lui rendre cet humble hommage. La France s'est toujours montrée très fair-play et je souhaite honorer le saumon fumé d'Écosse, un des fleurons du pays de l'équipe des Chardons ! Celui-ci possède une chair ferme et des notes boisées délicates. Ici marié avec l'asperge – l'impératrice incontestée du printemps –, une union savoureuse et raffinée pour un risotto qui va combler les papilles des plus exigeants. Bon appétit !

PAR OLIVIER MARGOT

France : 23 – Nouvelle-Zélande : 20

L'essai du bout du monde

3 juillet 1994

MENU

Specialty breads and rolls

Soup:
Pacific Seafood Chowder
or
Creme of Pumpkin with Croutons

Entree:
Avocado with Smoked Venison
or
Whitebait Fritters

Mains:
Canterbury Lamb Racks with Wild Mushrooms
or
Pistachio Chicken with Lemon Mustard

Dessert:
Chocolate Shell with Fresh Fruits on
a Berry Coulis and Gelato

Tea/Coffee and Petit Fours

NEW ZEALAND
RUGBY UNION

Dinner

in honour of

The French Rugby Union Team

Sunday, 3 July 1994

Eden Park, Auckland

BANQUET D'APRÈS-MATCH AU WEST LOUNGE
DE L'EDEN PARK À AUCKLAND

Christchurch, Nouvelle-Zélande, 26 juin 1994. Froidure et brouillard. Pierre Berbizier explique et éclaire ce qui va suivre : « Cette équipe de 1994-1995 avait trouvé son style dans la dimension collective. Chacun se fondait dans le groupe tout en exprimant sa différence. Deylaud, Lacroix, Sella “bétonnaient” le milieu de terrain. Le triangle arrière – Saint-André, Ntamack, Sadourny – en était les “attaquants” (on s’en souviendra). Benazzi, en puissance, Cabannes, en souplesse, Benetton, en stratège, s’unissaient pour faire le lien avants-trois-quarts. Merle en “homme et demi”, Roumat en “malin”, tenaient l’édifice de la conquête. Gonzalez, en force basque, Califano, en potentiel hors norme, Armary, en pur Bigourdan, montaient en première ligne pour enfoncer l’édifice adverse. »
Le travail en continuité fut leur style, le temps d’une tournée de quatre à cinq semaines accordée à vingt-six joueurs qui devaient se préparer à raison de deux matches par semaine pour arriver aux deux tests et enfin exprimer « leur » style.
« En fait, pour moi, poursuit Berbizier, le premier test de Christchurch fut le match de référence avec, en exergue, l’essai de Benetton où toutes les formes de jeu furent utilisées dans une gestion de match parfaite. La victoire avec le plus gros écart sur les All Blacks aujourd’hui encore en témoigne (22 -8). »

Auckland, dimanche 3 juillet 1994, deuxième test. Temps pluvieux. 40 000 spectateurs. C’est un jour vertigineux, inoubliable. Cette équipe de France, transfigurée par un simple maillot, une même tunique bleue, cette seconde peau, va contribuer à l’imagerie épique du XV de France en déclenchant l’« essai du bout du monde » lors de ce second match de la seule série de tests victorieuse (22-8 et 23-20) d’une équipe de France en Nouvelle-Zélande.

Un exploit jamais réédité. Rappelez-vous cette relance impossible, ces 80 mètres de contre-attaque à 2 minutes et 27 secondes de la fin de la partie. Neuf joueurs toucheront le ballon : un sommet de *french flair*.
Abdelatif Benazzi se rappelle : « J’ai réceptionné le ballon de Christophe Deylaud, puis j’ai feinté Jonah Lomu, à peu près à la ligne médiane.

Le rude combat de Califano, Gonzalez et Benezech contre les All Blacks. Bientôt, “l’essai du bout du monde”…

FFR

Émile Ntamack servi par Abdel Benazzi, dans l'enchainement de ce qui sera baptisé "l'essai du bout du monde". À droite : Jonah Lomu.

En quarante sélections, c'est la première passe que j'ai réceptionnée proprement ! Je fixe, je passe les bras et je donne… Je dois être touché par la grâce ou par un sortilège maori. » Émile Ntamack se souvient à son tour : « Quand je vois Abdel recevoir le ballon, je me dis que l'action va s'arrêter là. Oh ! le con ! Il fait une feinte de passe, il passe les bras, pour une fois il me sert, j'oriente ma course vers la touche. » Guy Accoceberry ne voit plus que la ligne, mais il sent qu'il sera un peu court. Il offre à Sadourny, à sa gauche, l'essai de la victoire. « J'étais là pour faire jouer les autres ! »

Ce dimanche 3 juillet de défaite néo-zélandaise, la New Zealand Rugby Union donne le dîner au West Lounge de l'Eden Park, en l'honneur de l'équipe de France de rugby. Ils sont trente-huit Français à investir les pièces immenses, le capitaine Philippe Saint-André en tête, avant que les vingt et un All Blacks ne passent à table. Des légendes vivantes se rencontrent, se saluent,

Premier test match de 94, les Bleus, de retour dans les vestiaires, célèbrent la victoire en Nouvelle-Zélande, le 26 juin 1994. C'est aussi la centième sélection de Philippe Sella (avec le ballon).

se souviennent de matches d'il y a dix ou vingt ans. Voici Colin Meads par exemple, accompagné de Mattie Blackburn, représentant les Maoris. Mais aussi : John Kirwan, Jonah Lomu, Zinzan Brooke, Ian Jones, Richard Loe, Frank Bunce, Sean Fitzpatrick le capitaine, Laurie Mains l'entraîneur, Earle Kirton, le sélectionneur... Une fameuse troupe dont les claques dans le dos s'entendent de loin. Par l'intermédiaire de l'officier de presse et interprète Ian Borthwick, la parole se libère avec, entre autres, Sir David Beattie, le président Peter Burke ou le chairman Eddie Tonks...

Dans ce menu fort goûté, se détache l'entrée : gibier fumé à l'avocat. Puis, juste après, un choix à faire entre des côtes d'agneau aux champignons sauvages et un poulet à la pistache enveloppé de moutarde au citron. Arrive le dessert : coquillages de chocolat aux fruits frais sur un coulis de baies, framboises, groseilles, glaces... Suivi de thé, café et petits fours !

Ailerons de volaille sauce pistache

Ingrédients

12 ailerons de volaille (taillés en trois par votre boucher)
4 oignons nouveaux (coupés en deux)
4 piments verts fins et doux (coupés en deux)
Sel
Poivre
Huile d'olive
Beurre

Pour le bouillon

1 oignon blanc
1 carotte
1 poireau
1 bouquet garni
10 grains de poivre
10 graines de coriandre
1 cuillère à café de curry
Gros sel
Eau filtrée

Pour la panure à l'anglaise

3 cuillères à soupe de farine bio
12 cuillères à soupe de chapelure
2 œufs battus avec 5 cl d'eau

Pour la sauce pistache

125 g de pâte de pistache
100 g de pistaches fraîches
100 g de mascarpone
12,5 cl de vinaigre blanc
25 g de sucre
8 cl d'eau

Réalisation

- ***Dans une grande casserole, déposer les ailerons de volaille et les ingrédients du bouillon, couvrir d'eau minérale (salée à 20 grammes de gros sel par litre d'eau) et faire cuire pendant 45 minutes à toute petite ébullition, tout en écumant régulièrement.***
- ***Stopper le feu et laisser refroidir.***
- ***Extraire les ailerons, bien les égoutter. Garder le bouillon qui vous sera utile pour d'autres utilisations (voir « Conseils du chef », en bas de page).***
- ***Paner les ailerons en les roulant d'abord dans la farine, dans la chapelure et enfin dans les œufs battus.***
- ***Dans une grande poêle antiadhésive graissée d'une généreuse cuillère à soupe d'huile d'olive et d'une cuillère à café de beurre, faire cuire les ailerons avec les oignons nouveaux et les piments coupés en deux. Assaisonner de bon goût.***

Réalisation de la sauce pistache

- ***Dans une petite casserole, verser 2,5 cl de vinaigre blanc avec 25 grammes de sucre et 8 cl d'eau, porter le sirop à ébullition.***
- ***Dans un petit récipient, bien mixer 125 grammes de pâte de pistache avec 100 grammes de pistaches fraîches, 100 grammes de mascarpone et 10 cl de vinaigre blanc.***
- ***Verser délicatement le sirop chaud sur la pâte pistachée, bien mélanger. Réserver.***

Dressage

- ***Dans un plat convivial, déposer les ailerons, les oignons nouveaux et les piments.***
- ***Verser la crème pistache dans une jolie saucière et déguster sans attendre !***

Conseil du chef : *La recette de bouillon sera parfaite pour faire cuire vos légumes ainsi que vos féculents et elle est plus que recommandée pour les recettes d'« Œufs pochés au saumon en gelée » et de « Risotto d'asperges » incluses dans cet ouvrage.*

PAR OLIVIER MARGOT

France : 21-Galles : 9

À l'auberge des quatre chefs

21 janvier 1995

Au fond, les 4 chefs (dont Yves Camdeborde à droite) qui ont accompagné le XV dans sa préparation au Château Ricard.

BANQUET D'AVANT-MATCH AU CHÂTEAU RICARD DANS LA FORÊT DE RAMBOUILLET

Ils sont quatre parmi les meilleurs de leur profession, des maîtres en gastronomie, des amoureux du rugby, ce « noble jeu ». Ils se sont réunis dans le grand salon du château Ricard à la Voisine, dans la forêt de Rambouillet. Ils sont à dix-huit heures du match France-Galles qui se déroulera le 21 janvier au Parc des Princes, à Paris. Ce XV de France, dirigé par Pierre Berbizier, a triomphé des All Blacks le 26 juin 1994 à Christchurch (22-8), puis à Auckland le 3 juillet (23-20). Un bonheur inouï, comme s'ils avaient gagé leur propre vie. Revivre l'« essai du bout du monde » s'impose telle une éclatante lumière, propice à l'embrasement des sentiments… Pierre Berbizier a eu la magistrale idée de faire venir à la Voisine quatre chefs de belle réputation, lesquels se mélangeront avec les Bleus dans la recherche d'un épanouissement collectif. Presque un idéal, et l'idéal est un rêve puissant ! Ces quatre grands chefs évidemment portent un nom. Ils se nomment : Guy Savoy, Cnristian Constant, Alain Dutournier, Yves Camdeborde.

Tout a commencé vraiment le mercredi 18 un peu avant 16 heures, sur le terrain du domaine, alourdi par les pluies, glissant, presque dangereux. Le soir, les quatre chefs ont proposé à l'équipe de France et à son encadrement, soit Benoît Dauga, Christian Carrère et Bernard Lapasset, un menu gastronomique et diététique à la fois. Une bonne auberge, vraiment…

En attendant l'ouverture du Tournoi des Cinq Nations ; en attendant les mots et les silences du vestiaire ; en attendant le coup d'envoi, ils parlent de solidarité, ce degré supérieur de l'humaine condition. Dans quelques heures, une seconde avant le coup d'envoi, Abdel Benazzi prendra le temps de prier : « Que Dieu me protège, qu'on gagne aujourd'hui… » Après, il décollera dans la confiance et la sérénité. Et sur le champ de bataille ! La veille au soir, comme toujours, il a appelé sa mère à Oujda, au Maroc. Elle lui a dit : « Que Dieu te protège. » C'est tout ce qu'il voulait entendre.

Ce menu très réussi, le voilà, à la fois diététique (pour un plat sur deux !)… et gastronomique : crème de haricots tarbais, salade de coquilles Saint-Jacques « truffes-parmesan », bar en croûte d'herbes, poitrine de veau de lait aux abats nobles, fromages de saison, fondant au chocolat au pralin feuilleté, mignardises, chocolats…

Ces virtuoses de la passe doivent aussi passer le temps. Alors, ils regardent le vidéo-sketch tourné par Marc Métairon, cameraman de France 3, leur complice. Les écuries, où dorment les remplaçants, lui servent de décor. Acteur principal de cette vidéo, Olivier Merle, dit « Merlo », est assez fier d'être au centre de la soirée. Les formules jaillissent : « Il est mi-homme, mi-animal » ; « Un cochon lui fait à peine une semaine » ; « Un volcan

Au château Ricard, Abdel Benazzi et Christian Constant plaisantent en cuisine. La magie de la convivialité.

Crème de haricots tarbais, salade de coquilles Saint-Jacques « truffes-parmesan », bar en croûte d'herbes, poitrine de veau de lait aux abats nobles, fromages de saison, fondant au chocolat au pralin feuilleté, mignardises, chocolats…

s'éveille, un être s'éteint »… Benazzi, écroulé sur le canapé, s'étouffe de rire. Dans ces saynètes, très libres, beaucoup de choses passent…

Jeudi après-midi, premier entraînement à huis clos. Mauvais temps : les quinze titulaires vont courir sur le stabilisé couvert du Centre national du football de Clairefontaine. Puis, c'est le défi traditionnel des tirs au but entre Berbizier et Christophe Mombet. Victoire de l'entraîneur adjoint. Olivier Merle est parvenu à loger un ballon sur une poutrelle métallique soutenant le toit. Un exploit. Au bar du château, Berbizier et Saint-André, le capitaine, s'expliquent sur des ballons tombés. Exigence de concentration.

Vendredi 20 janvier. Il est 8 heures. Philippe Benetton est le premier au petit déjeuner. Le lendemain, il descendra une heure plus tôt. Dans les derniers, Laurent Cabannes, pour qui le vendredi est le jour le plus long, puisqu'il n'y a qu'un seul entraînement. Ses mots : « Tu vis en autarcie : une seule télé, un unique téléphone pour tous. Alors, tu déambules pour te distraire. Je sais qu'il ne faut avoir ni un jour d'avance ni un jour de retard. » Causerie de Berbizier. C'est dense, clair, extrêmement précis. Tout l'aspect technico-tactique doit être fini le vendredi soir. Des mots très connus reprennent sens : « Efficace et spectaculaire », « Avec le mot combat, je les réveille, insiste Berbizier. À la fin du discours, je dois avoir parlé à chacun, en insistant sur la phase où il doit être essentiellement présent. » Arrivée de Jean-Louis Étienne, l'explorateur des pôles, invité à déjeuner par le docteur Marc Bichon.

Ntamack et Saint-André, auteurs d'un essai chacun pendant le match victorieux contre les Gallois.

Dernier entraînement à huis clos, à l'heure du match. Tout se passe bien. Prise de parole de Saint-André : « C'est la dernière fois où tout le monde peut s'exprimer. Après ça, interdit de se justifier, il faut adhérer. » En une heure, ils essaient de tout revoir. Séance réussie. La tempête éclate. Chaque soir, Berbizier est l'un des derniers à se coucher. Il a apporté quelques CD. Il choisit Whitney Houston. Puis il écoute Pavarotti.

Samedi, 7 heures. Philippe Benetton : « Je répète mon rôle, j'imagine mon premier plaquage, qui conditionne tout. » Quand Berbizier vient s'asseoir à la table des joueurs, le silence s'installe. Dès qu'il change de table, les conversations reprennent. Philippe Sella, à son tour : « Je me bâtis un scénario, par rapport aux partenaires, à l'adversaire, au stade lui-même. Entre 12 h 30 et 13 heures, je m'isole pour mettre le scénario en marche. Il faut recréer quelque chose, trouver cette sensibilité qui permet d'atteindre l'agressivité nécessaire en match international. Petit à petit, les joueurs vont se chercher. J'aime cette progression émotionnelle qui part de l'individu et qui se transforme en force collective. Plus la rencontre va approcher, plus ce groupe va se regarder. Beaucoup parlent alors de leur famille. Ils retournent aux racines. »

10 h 30. La traditionnelle promenade débute. Un ballon attend. Avec Berbizier demi de mêlée, on répète les touches dix minutes. À table, Ils mangent rapidement. Thierry Lacroix sourit : « Un bon repas à la landaise, foie gras, magret... » Tout s'accélère. On commence à faire les valises, on prépare les sacs, Benazzi plie soigneusement chaque vêtement.

L'heure est venue de la fameuse et très célèbre cérémonie des maillots. Ils sont tous là, assis en demi-cercle. Silence absolu. Berbizier parle : « Assumer son jeu, assumer du jeu, ça passe par des contraintes. » Ils se rassemblent autour de lui, l'encerclent doucement. L'entraîneur rappelle brièvement le plan de jeu. Suit une sorte de minute de silence...

21 janvier 1995. Par temps froid et pluvieux, l'équipe de France, portée par 48 617 spectateurs, dominera le Pays de Galles 21-9, grâce à deux essais de Ntamack et Saint-André, sans oublier les trois buts et la transformation de Thierry Lacroix.

"Il faut recréer quelque chose, trouver cette sensibilité qui permet d'atteindre l'agressivité nécessaire en match international. Petit à petit, les joueurs vont se chercher. J'aime cette progression émotionnelle qui part de l'individu et qui se transforme en force collective."

PAR OLIVIER MARGOT

Coupe du monde de rugby à XV
en Afrique du Sud

Quand Mandela enlace Marianne

Mai-juin 1995

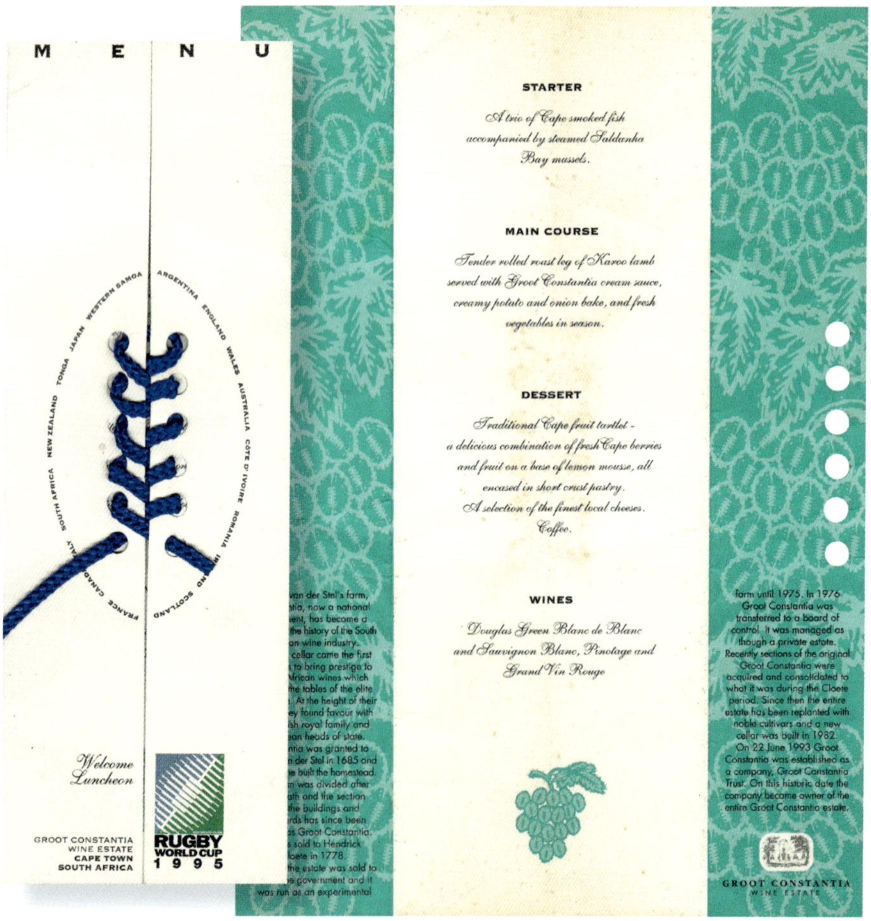

DÉJEUNER D'INAUGURATION DE LA COUPE DU MONDE DE RUGBY À GROOT CONSTANTIA

En nous confiant le menu inaugural de la Rugby World Cup 1995, Pierre Berbizier nous a incités à chercher, donc à comprendre, ce grand pays à nul autre pareil. Explorant, nous avons trouvé ceci : près de Chamonix (Afrique du Sud), on peut goûter le vin préféré de... Napoléon. En partance pour Sainte-Hélène, pour son exil vers la mort, l'Empereur se concentra sur l'essentiel : choisir son vin, le vin de Constance (Constantia). Lorsqu'elle s'est assise à sa table sous l'immense tente dressée pour le déjeuner inaugural de la Coupe du monde, l'équipe de France ne pouvait pas savoir qu'elle se trouvait dans le vignoble préféré de l'Empereur, dans ce domaine merveilleux de Groot Constantia. Une autre et belle histoire mérite d'être contée. Celle de Jan Pieter Engelbrecht, Springbok de légende, ailier mythique aux 44 essais en 67 matches, aux 33 tests joués entre 1960 et 1969 : l'un de ses vins (car il était vigneron de métier), un Merlot 89, a été servi au dîner historique d'Oslo, le soir où Nelson Mandela et Frederik de Klerk reçurent le prix Nobel de la paix.

Le springbok Jan Pieter Engelbrecht, et son vin : un merlot 89 servi au diner historique d'Oslo.

Catherine Deneuve, dont le buste réjouissait bien des mairies de France, avait débarqué à Jan Smuts AirPort quelques jours avant le XV de France. La star accompagnait Marie-Laure de Decker, son amie photographe, dont l'Institut français de Johannesburg allait inaugurer une série d'images prise en Afrique du Sud. Deneuve avait choisi de vivre loin des palaces ; elle logeait à Amakhono, un centre d'art habité de sens et de projets, une avant-garde pour le mélange des races et des idées. C'est Soweto qu'on devinait… Deneuve s'est sentie bien. Il a bien fallu inaugurer l'exposition. Bien sûr, elle était très blonde et très belle, en veste et pantalon blancs. Aux murs étaient accrochés des images d'enfants avec sur leurs pancartes, ces mots : « Ne tirez pas, c'est un enterrement, nous ne voulons pas nous battre. » Deneuve a passé une soirée au Market, un lieu mixte en noir et blanc, temple de la culture contestataire sud-africaine. Puis, dîner au Gramadoleas, la meilleure cuisine de la ville. Deneuve a regardé cette salle bleu et saumon, puis elle a fait son choix dans un menu proposant notamment le fameux plat gratiné bobotie… Mais elle hésitait… Alors, queue de crocodile ou steak d'autruche ? Puis elle a paraphé le livre d'or d'une écriture puissante : « Délicieux, merci, Catherine Deneuve. »

Nelson Mandela, en tenue de springbok, congratule le capitaine de l'équipe sud-africaine, François Pienaar, après la victoire 15-12 contre les All Blacks.

Menu au choix au Gramadoleas pour Catherine Deneuve… queue de crocodile ou steak d'autruche !

Le dimanche de son départ, elle est allée à Soweto entendre la messe en sotho dans l'église de Saint-Philippe-Neri. Émotion. Elle n'avait plus le temps d'aller au Mofolo Park, très fête de l'Huma ; des jeunes partout, de la bière, de la vodka, du brandy et, brusquement, le délire : Nelson Mandela était là, en chemise verte ! La veille, au Civic Theatre, elle avait assisté à Macbeth en zoulou. À la fin de la représentation, Mandela était monté sur scène, avait commencé à embrasser les soixante-cinq acteurs ! Puis il s'était dirigé vers Deneuve et avait enlacé Marianne.
S'il l'avait connue plus tôt, le parfum de ce baiser lui aurait-il rendu les nuits plus douces dans sa cellule de Robben Island ?

*

Souvenir d'une rencontre inoubliable

Mandela et moi sommes sur le perron de la Maison Blanche, son domicile personnel ; je descends les deux, trois marches. La lumière baisse, le soleil s'apprête à se coucher… Je marche vers la porte d'entrée, quand j'entends un léger bruit de pas…C'est Madiba qui me dit : « Bon anniversaire, Olivier ! » Nelson Mandela est un professionnel ! Je suis ébloui.

Nelson Mandela me dédicaçant son livre, après l'interview qu'il m'avait exceptionnellement accordée lors de la Coupe du monde. Mon plus beau souvenir de journaliste.

Thé de moules de bouchot au cidre, persil et verveine

Ingrédients

1 litre de moules de Bouchot (bien nettoyées et grattées par votre poissonnier)
½ botte de persil plat
1 cuillère à soupe de verveine séchée
10 g de gingembre frais épluché et coupé finement
1 grosse cuillère à soupe d'huile d'olive
¼ cuillère à café de poivre noir entier
60 cl de cidre extra-brut

Réalisation

- ***Verser tous les ingrédients dans une grande casserole sur feu vif ; dès les premières ébullitions laisser cuire 1 minute puis transvaser dans une théière.***
- ***À l'aide d'une passoire, verser le bouillon dans de jolis contenants (verres épais ou petits bols).***
- ***Déposer ensuite les moules dans chaque contenant afin que les convives en dégustent les chairs avec des petites pinces (ou piques).***

Conseil du chef : *N'hésitez pas à accommoder vos moules d'ingrédients qui vous inspirent. Crème fraîche, épices, piment, légumes… L'essentiel à retenir ici est la cuisson ultracourte afin de préserver la texture moelleuse de ces délicieux mollusques.*

Mots du chef : Souvenir inoubliable de mon séjour en Afrique du Sud. J'étais descendu retrouver Pierre Berbizier avec mon ami Jean Cormier, journaliste et grand reporter… Un voyage mémorable ponctué d'émotions, de partages et de sacrées agapes ! Je me souviens d'avoir été particulièrement surpris par les moules locales, cuisinées avec délicatesse et finesse. En hommage à ce séjour gravé dans mon cœur, je vous propose ici un « thé aux moules ». Oui, vous avez bien lu… « un thé ». Je peux d'ores et déjà vous assurer que cette recette « va droit dans les perches » et qu'elle fera des adeptes. Pour se mettre dans de bonnes conditions lors d'un match attendu avec impatience, une recette originale et très gourmande, simple et rapide, qui va surprendre et surtout ravir vos amis . Bon appétit !

Congrès des arbitres

Quand les types de 50 kilos parlent… ceux de 130 écoutent !

1er juillet 1995

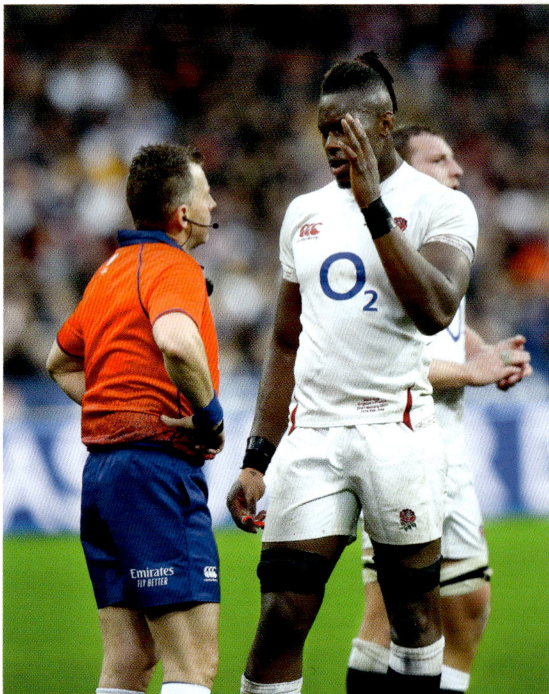

Nigel Owens sermonne Maro Itoje… quel que soit son gabarit, au rugby, le joueur écoute l'arbitre !

MENU

•••••

Terrine Périgourdine au Foie Gras

Filet de Plie farci aux Crevettes
Sauce verte citronnée

Gigot d'Agneau des Pyrénées
au Thym et à l'Ail

Forestière de Légumes

Salade au Cabecou

Omelette Norvégienne

••••••

Buzet Tradition Blanc 1994

Buzet Tradition Rouge 1993

Café

Champagne

DÎNER DE GALA EN L'HONNEUR DU 51e CONGRÈS DES ARBITRES

Quand je suis arrivé à l'école de rugby de mon club fétiche, la Section paloise, une superbe affiche ornait notre vestiaire avec un titre éloquent : « Le rugby, c'est l'école de la vie ! » Pour notre prise de contact avec ce sport, notre éducateur passa cette première journée à nous expliquer la valeur de notre maillot, la signification de notre écusson, les notions d'esprit de groupe, de sacrifice et il termina par le respect dédié à l'homme en noir, l'arbitre – l'autorité suprême ! J'ai pratiqué ce sport pendant plus de trente ans et avant chaque match, je me suis remémoré cette première journée avec mon éducateur ! Le rugby est un sport de combat où l'engagement est total, il n'en demeure pas moins que le respect envers les membres de son équipe, comme à l'adresse de ses adversaires et du corps arbitral, en est la base ; et je suis persuadé que la communion et la déférence que l'on retrouve dans les stades de rugby entre les supporters sont en grande partie imitées du comportement exemplaire des joueurs face à l'autorité de l'arbitre. Je me souviens de cette réplique culte écrite par Audiard et prononcée par Belmondo : « Quand les types de 130 kilos disent certaines choses, les types de 60 kilos les écoutent »... Et ici, dans le contexte arbitral, c'est l'inverse ! Quand l'arbitre – qui peut faire 30 centimètres et 50 kilos de moins que certains rugbymans – dit quelque chose, on s'incline. Tous les rugbymen redoutent ses coups de sifflet – aussi stridents qu'une punchline bien envoyée ! Même si ses décisions semblent parfois excessives ou injustes aux yeux de certains, il n'en demeure pas moins que la déférence la plus absolue lui est due... En termes d'autorité, discipline et respect, le rugby peut s'enorgueillir d'être un exemple ; tout comme en cuisine ! Si l'illustre Escoffier n'avait pas eu l'idée d'imposer un système de brigade et des règles strictes... quelle mêlée ce serait !

Omelette norvégienne

Ingrédients

1 boîte de boudoirs (20 pièces environ)
1 crème glacée vanille bourbon
Grand Marnier

Pour la crème pâtissière et les blancs

1¼ litre de lait entier
45 g de sucre semoule
2 jaunes d'œufs
20 g de farine
5 g de poudre de crème pâtissière
200 g de blancs d'œuf
25 g de sucre
1 pincée de sel
1 gousse de vanille

Mots du chef : Lors du dîner de gala du « Congrès des arbitres » qui avait eu lieu à Agen, ce dessert festif et savoureux avait été servi. L'omelette norvégienne est un de mes desserts favoris par sa gourmandise. J'ai donc naturellement repris la recette dans une version rapide ; en effet, l'omelette norvégienne se confectionne traditionnellement avec une génoise (que l'on peut acheter chez son artisan boulanger), or je vous propose de la réaliser ici avec des boudoirs, un gain de temps appréciable pour un résultat tout aussi gourmand. Généreuse en textures et en saveurs, avec son final flambé spectaculaire, cette omelette va époustoufler vos invités. Bon appétit !

Réalisation de l'omelette norvégienne

- *Imbiber les biscuits boudoirs dans un bol de Grand Marnier.*
- *Sur un plat allant au four, réaliser un lit de biscuits accolés soigneusement les uns aux autres.*
- *Avec une cuillère, déposer délicatement une portion généreuse de crème glacée puis masquer l'ensemble avec le reste de boudoirs.*
- *Déposer au congélateur le temps de réaliser le crémeux d'œuf.*

Réalisation du crémeux d'œuf

- *Dans une casserole, faire bouillir le lait et la gousse de vanille ouverte en deux.*
- *Dans un grand saladier, faire blanchir les jaunes d'œuf avec le sucre en fouettant fermement.*
- *Rajouter la farine avec la poudre de crème pâtissière et bien mélanger.*
- *Incorporer le lait chaud et mélanger jusqu'à l'obtention d'une texture bien crémeuse.*
- *Déposer l'appareil dans la casserole et porter à ébullition, tout en mélangeant vigoureusement à l'aide d'un fouet.*
- *Retirer la casserole, gratter la gousse de vanille pour en extraire tous les grains puis réserver.*
- *Dans un cul-de-poule (ou batteur), monter les blancs en neige avec le sucre et le sel sans trop les serrer (montage « bec d'oiseau » : quand vous sortez le fouet des blancs montés, un bec d'oiseau se forme à l'extrémité du fouet)*
- *Chauffer délicatement votre crème pâtissière et à l'aide d'un fouet, hors du feu, incorporer rapidement ¼ des blancs montés ; ensuite et avec une spatule, incorporer délicatement le reste des blancs.*

Finitions

- *Sortir votre omelette du congélateur et masquer complètement sa surface avec le crémeux d'œuf (en réserver un peu pour la décoration) puis lisser délicatement à l'aide de la spatule.*
- *Avec une poche à douille, orner de décorations son dessus et ses côtés avec le reste de crémeux qu'on a réservé.*

- ***Enfourner 4 minutes dans un four à 180 degrés.***
- ***Verser le Grand Marnier, flamber, et déguster aussitôt !***

Conseil du chef :

- *Vous pouvez incorporer des fruits confits et/ou opter pour un parfum glacé totalement différent, tel que Grand Marnier ou même fraise !*
- *Vous pouvez également préparer l'ensemble de la préparation 1 à 2 jours à l'avance et le congeler ; il vous suffira alors d'allonger son passage au four de quelques minutes.*

Coupe du monde de rugby à XV

La philosophie de l'excellence

Mars 1995

MENU

Canapes

Krug Grande Cuvée Brut NV (France)

Crème légère de morue relevée au chorizo

Tarte fine de St Jacque marimées oignons nouveaux

Grosset Polish Hill Reisling (Australia)

St Pierre piqué au laurier, vinaigrette d'encre de seiche

Dos d'agneau au herbes, croustillant de basilic

Mt Difficulty Pinot Noir (New Zealand)

Ravioles d'Ananas aux fruits exotiques, crème glacée à la noix de coco

Grosse quenelle de crème chocolat, anglaise de pistache de Nice

Bollinger NV (France)

Georges PironChez	Dominique, Ciboure
Ramutcho Courdé	Arrantzaleak, Ciboure
Bertrand Bluy	Taillevent, Paris
Yves Camdeborde	La Régalade, Paris
Pascal Campourcy	Arrantzaleak, Ciboure

DÎNER POUR L'ÉQUIPE DE FRANCE

Cette tarte aux Saint-Jacques me rappelle systématiquement la philosophie de Pierre Berbizier, très grand joueur et excellent entraîneur de rugby qui a été l'un des premiers à imposer une philosophie de « l'Excellence ». En effet, lors de chaque entraînement, Pierre faisait systématiquement le parallèle entre ce noble sport et l'art en général, et c'est grâce à lui que j'ai compris que le rugby avait les mêmes règles et les mêmes codes que la cuisine ! Une doctrine empreinte d'une sévérité juste et sensée car une recette ne peut être réussie qu'avec motivation, rigueur, concentration.
Lors d'un rassemblement organisé avec l'équipe des joueurs et mes amis les chefs Christian Constant, Guy Savoy et Alain Dutournier, nous leur avons démontré qu'une recette – même simple ! – répond à ces fondamentaux... et les ignorer ne peut engendrer qu'un échec. Ce n'est qu'avec cet état d'esprit qu'on atteint la perfection. Quelle ne fut pas notre surprise quand à la fin du repas nous reçûmes une grande *standing ovation*. Pierre, Bernard Lapasset (le président de la FFR) et l'ensemble des joueurs nous offrirent à tous les quatre le trophée qui symbolisait la double victoire de l'équipe de France l'année passée (1994) chez les All Blacks (exploit jamais égalé). Nous fûmes touchés au plus profond de nous-mêmes de ce geste que nous recevions pour notre travail de la part de ces grands hommes.

Lors de ce dîner mémorable en 1995, les joueurs nous avaient donc offert le trophée qui symbolisait leur double victoire chez les All Blacks l'année précédente. Il se trouve que Pierre Berbizier avait offert à mon compère Olivier Margot un autre souvenir de cette tournée, qu'il garde précieusement : le ballon de la victoire du match du 26 juin 1994 au Lancaster Park à Christchurch, signé par tous les joueurs de l'équipe de France, avec la merveilleuse dédicace : «Une histoire de ballon qui devient un ballon d'Histoire».

Tarte fine aux noix de Saint-Jacques

Ingrédients

18 noix de saint-jacques
250 g d'oignon nouveau
50 g de poitrine fumée
2 cl d'huile d'olive
1 rouleau de pâte feuilletée (bio et 100 % pur beurre)
Poivre et sel

Mots du chef : Je dédie cette recette à mon ami Pierre (Berbizier) et à sa volonté acharnée d'atteindre l'Excellence. Cet objectif a toujours été son ultime quête et ses préceptes sont considérés désormais comme un vrai code d'honneur dans l'univers de l'Ovalie. Le devoir de rigueur, d'investissement personnel, d'effort, parfois accompagné de larmes et de douleurs… mais c'est à ce prix qu'on atteint la victoire et la satisfaction. Cette tarte en est une preuve éloquente car, malgré sa simplicité d'exécution, la moindre désinvolture serait synonyme d'échec. Il serait fort dommage de ruiner la saveur de ces précieux mollusques qui méritent d'être cuisinés avec toute l'attention qu'ils méritent. À la simple évocation de leur nom, les plus gourmets d'entre vous vont saliver. Le goût unique et si particulier de ce bijou de l'océan - l'un des mollusques les plus recherchés, tant pour leur saveur que pour leur chair ! Parfaite pour un apéritif dînatoire, cette tarte divine - et simple à réaliser - va vous faire pousser des soupirs de satisfaction. Bon appétit !

Cuisson de la pâte feuilletée

- ***Préchauffer le four à 180° degrés.***
- ***Sur un espace de travail bien fariné, dérouler la pâte puis tailler un cercle de 25 cm de diamètre.***
- ***Déposer le disque de pâte sur un papier de cuisson - lui-même posé sur une plaque - et recouvrir d'un second papier de cuisson et d'une seconde plaque de cuisson.***
- ***Enfourner 20 minutes.***

Réalisation de la garniture

- ***Dans une grande sauteuse, faire revenir l'oignon nouveau avec l'huile d'olive ; incorporer ensuite la poitrine fumée découpée ; poivrer, saler légèrement et laisser cuire doucement pendant 20 minutes.***
- ***Tailler délicatement les saint-jacques en fines tranches.***
- ***Extraire la pâte du four et laisser tiédir.***
- ***Étaler le lard fumé et les oignons sur la pâte.***
- ***Déposer délicatement les fines tranches de saint-jacques.***
- ***Saler, poivrer, verser un trait d'huile d'olive et enfourner 1 minute (cette ultime minute de cuisson sera la touche finale qui apportera à la tarte une texture encore plus savoureuse !)***

Dressage

- ***Déposer la tarte sur une belle assiette et déguster sans attendre !***

Conseil du chef :

Je recommande des Saint-Jacques vivantes, sans autre odeur qu'un délicat parfum iodé ! Si votre poissonnier est à court de ce noble mollusque, vous pouvez néanmoins utiliser des noix congelées, en prenant compte que ce n'est qu'une option de dépannage et d'urgence !

PAR OLIVIER MARGOT

Conseil de l'Internation Rugby Board

La fin de l'amateurisme

24 août 1995

Menu

Panaché de Poissons
à la Vapeur d'Algues au Basilic

Coeur de Filet de Boeuf en Brioche
Petits Légumes Nouveaux

Salade Maraîchère à l'Huile de Noisette

Fromages de France

Mille Feuille à la Graine de Vanille
et Cristalline d'Ananas

Café et Mignardises

Sancerre 1994 "La Vigne Blanche"
H. Bourgeois

Château Lacoste-Borie 1988 (Pauillac)

Jeudi 24 Août 1995

DÎNER HISTORIQUE DU CONSEIL DE L'INTERNATIONAL RUGBY BOARD À LA GRANDE CASCADE À PARIS

Salon et entrée mythique de La Grande Cascade.

Jeudi 24 août 1995. Il a été décidé que le dîner du conseil de l'IRB serait donné à La Grande Cascade, dans le bois de Boulogne. Dans le monde du rugby, proche d'une révolution, tout est en place pour que ce dîner se mue en dîner historique. De l'amateurisme ou du professionnalisme, lequel l'emporterait ? Les veilles de finale, La Grande Cascade était envahie par les représentants officiels de la FFR. Tous ou presque ce jour-là rentraient d'Afrique du Sud et de la troisième Coupe du monde de rugby. Tout semblait changé, porté par le sentiment profond d'une ère nouvelle. D'ailleurs, en l'hôtel Ambassador situé non loin de la classique Cité d'Antin, les discussions avaient considérablement avancé depuis quelques jours. De fortes questions n'avaient pas encore de réponses : comment répondre par exemple à Rupert Murdoch, ce magnat australo-américain, jonglant avec ses 550 millions de dollars et qui avait déjà pris de sérieuses options dans le rugby en Australie ?

Cet été 1995 est chaud, très chaud, et même torride. Le 27 août, à Paris, l'International Board mettait fin à cette loi fondamentale du rugby : la règle de l'amateurisme. C'est à l'hôtel Ambassador qu'il avait été décidé que, dorénavant, les joueurs pourraient percevoir des dédommagements, idem pour les arbitres et les entraîneurs. Désormais « il n'y aura pas d'interdiction de paiement ou de toute autre forme de profit des personnes participant au jeu ». Les Nations du Sud signaient aussitôt des contrats professionnels avec leurs vedettes. Olivier Roumat et Thierry Lacroix, embauchés par le Natal, allaient remporter la Currie Cup (un championnat d'Afrique du Sud) aux dépens de la Western Province où

Rupert Murdoch, un magnat à l'assaut du monde du rugby.

Le stade Toulousain de Cazalbou bat Cardiff pour la première Coupe d'Europe le 7 janvier 1996.

jouait déjà Laurent Cabannes (23-22).
Désormais, tout irait très vite. Le 31 août, le comité des Cinq Nations décidait la création d'une Coupe d'Europe des clubs à douze participants. Le 7 janvier 1996, à Cardiff, le Stade toulousain allait remporter cette première Coupe d'Europe quelque peu improvisée.

La Coupe du monde de rugby d'une part, la Coupe d'Europe des clubs d'autre part : l'IRB venait de supprimer le sacro-saint principe de l'amateurisme.

Cet été 1995 est chaud, très chaud, et même torride. Le 27 août, à Paris, l'International Board mettait fin à cette loi fondamentale du rugby : la règle de l'amateurisme.

Maquereau mariné grillé, salade d'herbes fraîches, framboises & tartare d'algues

La veille: marinade du maquereau

- ***Déposer le maquereau entier dans un plat et l'assaisonner avec le sucre, le sel, le poivre, le piment d'Espelette, l'huile d'olive, l'aneth et le jus de citron jaune.***
- ***Recouvrir de film alimentaire puis laisser mariner au frais.***

Le jour même : réalisation

- ***Préchauffer le four.***
- ***Extraire le maquereau de la marinade puis le déposer sur une planche à découper ; pratiquer des incisions tous les centimètres à l'aide d'un couteau très fin.***
- ***Déposer le maquereau sur une grille et enfourner un court instant (celui-ci a été précuit par la marinade, le but du jeu est ici de caraméliser sa peau. Vous pouvez également utiliser un petit chalumeau).***
- ***Dans un récipient, verser les framboises, le tartare d'algues, le basilic, la coriandre, la ciboulette, l'aneth, le cerfeuil et le persil (chaque herbe finement ciselée).***
- ***Assaisonner avec l'huile d'olive et le vinaigre de framboise puis mélanger délicatement.***

Dressage

- ***Dans un joli plat rectangulaire, verser délicatement la salade puis déposer le maquereau.***
- ***Terminer par une ultime pointe de sel, de poivre noir et une ultime pincée de piment d'Espelette.***

Conseil du chef :

- *Le maquereau a longtemps souffert d'une mauvaise image en raison de son goût prononcé alors que c'est un poisson non seulement excellent pour la santé – très riche en oméga-3 – et particulièrement délicieux et moelleux quand il est cuisiné en marinade.*
- *À défaut de maquereau, je vous suggère des sardines ou du chinchard qui vous apporteront le même plaisir de dégustation.*

Ingrédients

1 maquereau préparé par votre poissonnier (levé et désarêté)

Pour sa marinade

1 pincée de sucre, de sel & de poivre noir
1 jus de citron jaune
1 pointe de piment d'Espelette
1 cuillère à soupe d'aneth ciselé
1 cuillère à soupe d'huile d'olive

Pour sa salade

1 bouquet d'herbes fraîches composé de basilic, coriandre, aneth, ciboulette, persil plat, cerfeuil
1 cuillère à soupe de tartare d'algues
1 barquette de framboises (125 g)
5 cl d'huile d'olive
1 cl de vinaigre de framboise

Mots du chef : Le rugby était sport amateur et revendiquait ce statut depuis plus d'un siècle puis soudain... le grand bouleversement. Son passage vers le professionnalisme ! Devoir se résoudre à franchir le pas et à consentir à cette inéluctable conversion (sous peine de ne plus pouvoir rivaliser avec la nouvelle concurrence et de s'exposer au déclassement sportif, voire à une rétrogradation !) a provoqué de sérieux remous et de nombreux désaccords. Cet évènement historique qui m'a profondément secoué valait bien d'être marqué par un ingrédient et un jeu de mots... « Maquereau ».
Contrairement au contexte sportif ici évoqué, cette recette ne risque pas de vous offenser, bien au contraire !

Coupe du monde de rugby à 7 à Hong Kong

L'arrivée du rugby à 7

20 mars 1997

MENU

Wild Smoked Scottish Salmon
with Horseradish
Capers and Sour Dough Bread

* * *

Wild Mushroom Soup baked with Thyme Crust

* * *

Whole Roast Angus Beef Tenderloin
with Leek and Wild Mushrooms
Truffle and Red Wine Reduction
Gratin Dauphinoise Potatoes
Selected Vegetables

* * *

Hong Kong Club Chocolate Mousse
with Mango and Champagne Parfait
Passion Fruit Sauce

* * *

Coffee or Tea

* * *

Petit Fours

DÎNER POUR L'OUVERTURE DE LA COUPE DU MONDE

Cérémonie avant le dîner d'inauguration de la Coupe du monde de rugby à 7 à Hong Kong en mars 1997.

J'ai eu la chance immense de me rendre à Hong Kong pour la deuxième édition de la Coupe du monde et au-delà de cet évènement sportif grandiose, j'ai été séduit par la gastronomie locale. En effet, si l'Empire du Milieu est réputé pour ses mariages inédits et savoureux, les Chinois ont aussi la volonté de cuisiner avec un souci de légèreté.

Aussi, pour rappel de ce séjour extraordinaire et des diverses saveurs dégustées, j'ai choisi de sublimer le champignon de Paris pour une entrée terre-mer étonnante, simple et rapide à exécuter. Le goût unique du champignon de Paris marié à la saveur du tarama et du parmesan offre une combinaison pertinente et subtile pour un apéro qui va combler tous vos amis.

Bon appétit !

Champignons de Paris farcis

Ingrédients

20 champignons de Paris (petit calibre)
1 pot de tarama de 150 g
1 morceau de parmesan de 50 g
2 cuillères à soupe d'huile d'olive
1 cuillère à soupe de jus de citron
1 cuillère à café de poudre de curry
Piment d'Espelette
1 cuillère à café de grains de coriandre
1 citron vert

Réalisation

- ***Couper les queues des champignons, bien laver les chapeaux.***
- ***Déposer les chapeaux dans un récipient puis ajouter 2 cuillères à soupe d'huile d'olive, une cuillère à café de jus de citron, une cuillère à café de curry, une pointe de piment d'Espelette, les grains de coriandre.***
- ***Mélanger délicatement et laisser mariner 10 minutes.***
- ***À l'aide d'une petite poche (ou d'une petite cuillère) farcir les têtes de champignons avec le tarama.***
- ***Râper de parmesan et parsemer de très fins zestes de citron vert.***

Dressage

- ***Déposer les champignons ainsi farcis sur une belle assiette ; déguster.***

Conseil du chef : *Chez votre primeur, choisissez vos champignons de Paris – appelés également « champignons boutons », éléments phares et base de cette recette – d'une fraîcheur et d'une qualité irréprochables. Il est donc impératif qu'ils soient tous d'une couleur blanche uniforme et leurs chapeaux doivent être bien fermés autour des pieds. Ce champignon possède un goût unique et il est source de nombreux bienfaits . Concentré en vitamines et oligo-éléments, riche en fibres et en antioxydants, pauvre en calories, le champignon de Paris a vraiment tout… bon !*

PAR OLIVIER MARGOT

France : 10 – Afrique du Sud : 52

Springboks, le grand retour

22 novembre 1997

52-10 : la plus lourde défaite jamais subie chez elle par une équipe de France. Un moment terrible.

DÎNER EN L'HONNEUR DES SPRINGBOKS EN L'HÔTEL INTERCONTINENTAL À PARIS

Le grand écrivain Breyten Breytenbach a écrit : « La seule façon de voir l'Afrique du Sud, c'est de fermer les yeux. » 466/64 : Nelson Mandela portait ce matricule lorsqu'il était incarcéré sur l'îlot pénitencier de Robben Island, à 11 kilomètres au large de Cape Town. Il fut le 466e prisonnier enregistré à la prison, en 1964. Il avait alors 46 ans. Mandela a passé vingt-sept ans de sa vie en prison. Environ dix mille jours. Dans sa biographie, *Un long chemin vers la liberté*, traduit en français chez Fayard, il affirmera : « Je suis né libre – L'oppresseur doit être libéré tout comme l'oppressé. Un homme qui prive un autre homme de sa liberté est prisonnier de sa haine. »

1991. Le 9 juillet, quelques mois après une rencontre Mandela-Samaranch, président du Comité international olympique (CIO), l'Afrique du Sud réintègre le CIO. C'est une brèche dans l'ordre du temps. 1992. Le président Frederik de Klerk négocie avec Mandela en vue de l'abolition de l'apartheid. Le 17 mars, 68 % de l'électorat blanc vote l'abolition des lois racistes. Le pays fait son retour sur la scène sportive. 1992, 25 juillet. Les 94 athlètes de la délégation sud-africaine sont les plus applaudis lors de la cérémonie d'ouverture des Jeux olympiques de Barcelone. Nelson Mandela est en tribune. Il affirme : « Oui, le sport est très important, car c'est un langage qui touche tout le monde. » En 2000, il approfondira : « Le sport a le pouvoir de changer le monde. Le pouvoir d'inspirer, le pouvoir d'unir. » 1992, 15 août : huit ans après, les All Blacks bataillent à nouveau à l'Ellis Park de Johannesburg ; les Boks s'inclinent de très peu (24-27). 1992, année du centenaire de la Fédération néo-zélandaise. Albert Ferrasse, Marcel Martin, Bernard Lapasset, Jacky Laurans sont invités par l'International Rugby Board (IRB) toute une semaine. Ferrasse renonce pour participer à une réunion de la Fédération internationale de rugby amateur (FIRA). Jacky Laurans raconte : « Albert absent, j'ai pu assister dans une excellente ambiance à la totalité de la réunion de l'IRB. Je les faisais rire quand je disais : "Je suis le dernier-né de la mafia agenaise." C'est là que nous avons voté pour que ce soit l'Afrique du Sud qui organise la Coupe du monde 1995. Une fierté ! » 1993. Le 15 octobre, Nelson Mandela et Frederik De Klerk reçoivent le prix Nobel de la Paix. Trois ans déjà que Mandela a été libéré, le 11 février 1990… Le départ n'est pas l'enjeu mais l'arrivée. 1994. 27 avril : l' L'African National Congress (ANC) remporte la première élection démocratique, fort de 62,65 % des voix. Élu président, Mandela prête serment le 10 mai.

Revenons légèrement en arrière, plus précisément à l'automne 1992, quand la France a l'honneur de recevoir la première tournée des Springboks de l'après-apartheid, riche d'une nouvelle génération d'attaquants. Bordeaux, 3 octobre 1992. Danie Craven lui-même est au rendez-vous du coup d'envoi entre ces nouveaux Springboks et l'équipe de France B, particulièrement solide au centre avec Franck Mesnel et Thierry Lacroix… Plus que la victoire (24-17), on retiendra la plus singulière des photographies quand Danie Craven et Albert Ferrasse arrivent au stade municipal Lescure main dans la main ! Le déjeuner du 3 octobre 1992 au stade Lescure, réunissant Danie Craven, Albert Ferrasse, l'équipe de France Espoirs et la nouvelle génération de joueurs sud-africains a quelque chose de magique, telle une ouverture à d'autres horizons. James Small est un ailier blanc élevé par une Noire. Les temps changent… Le déjeuner est donné par la Fédération française de rugby.
Les nouveaux Springboks se font les dents, successivement contre l'Aquitaine battue 29-22 à Pau, la sélection des Pyrénées (18-15), la Côte d'Azur (41-12), le Languedoc (36-15). Arrive le premier test-match au stade Gerland de Lyon… 17 octobre 1992, France-Afrique du Sud, 37 000 spectateurs. L'ancien entraîneur-joueur de l' Athetic Club de Boulogne-Billancourt (ACBB) Nick Mallet a pris les commandes des Springboks, privilégiant un jeu ouvert et spectaculaire au point que plusieurs journalistes parleront de « rugby-champagne », expression inattendue. Tout va très vite ; à la mi-temps, les Boks mènent 13-0 ! Deux essais de Penaud, suite à deux mêlées à 5 mètres bien jouées par Aubin Hueber sauvent l'honneur. L'ailier droit James Small marque son essai sur un

Abdelatif Benazzi lors de la cuisante défaite (10-52) face aux Springboks, au Parc des Princes (22 novembre 2017).

long coup de pied rasant. 20 à 15 : cette victoire sud-africaine aurait pu être plus sévère. Les Boks fêteront dignement leur première victoire importante en Europe depuis dix-huit ans. Second test-match le 24 octobre 1992, à Paris. Benetton et Benazzi sont titularisés. Roumat, Benazzi, Cabannes vont faire une razzia en touche. 6-6 à la mi-temps ; 29 à 16 au final, le premier succès jamais obtenu contre les Springboks en France. Dix-neuf points ont été inscrits par Thierry Lacroix, cinq buts de pénalité et les deux transformations des essais de Roumat et de Penaud.

Les équipes d'Afrique du Sud et de France ne cessent de se rencontrer. Avec un sommet : la victoire française dans la série des tests, à Durban (20-20) puis à Johannesburg (18-17). Pierre Berbizier est à son zénith d'entraîneur, avant qu'il ne triomphe au pays des All Blacks... Cinq ans plus tard...

Lyon, 15 novembre 1997. Les Boks marquent trois essais et mènent 19 à 9 à la mi-temps, puis 36 à 15 à l'heure de jeu ; deux essais de Dalton et de Small ont fait le break. Olivier Merle, surnommé « l'homme et demi » rentre à son tour sur le terrain ; par leur puissance, les avants français marquent deux essais par Merle et Califano. C'est un autre match, d'autant que Titou Lamaison inscrit cinq buts de pénalité et une transformation. À l'ultime instant, Stéphane Glas plonge en coin : 36-32. Mais les Springboks l'emportent par cinq essais et 11 points de coups de pied de l'ouvreur Henry Honiball. Une semaine après cette courte victoire des Springboks à Lyon, 48 000 spectateurs prennent d'assaut le Parc des Princes, s'attendant à une revanche, alors qu'une pénombre grise s'installe dans les têtes et les corps, au point d'annoncer une histoire spectrale. C'est un temps de crépuscule, et pourtant le temps ne chôme pas. On joue la 43e seconde quand Christophe Lamaison rate son dégagement. Honiball choisit de servir Snyman d'une longue passe sautée. Essai sud-africain à la 1re minute, Honiball transforme, 7-0. Même un fantôme bienveillant n'aurait pu survivre à cette infortune…

Une infinie tristesse s'est emparée du Parc des Princes ; avec elle, la détresse, la désolation, le désespoir. Philippe Saint-André est capitaine, il est emporté par des silhouettes ombreuses. Les Boks attaquent de partout, les Français interrogent en vain le présent, comme si l'horizon s'était installé ailleurs. La plénitude des Sud-Africains transforme l'humiliation en calvaire français. Sept essais, dont quatre de Rossouw, 17 points d'Honiball. 28-3 à la mi-temps, 52-10 au final, la plus lourde défaite jamais subie chez elle par une équipe de France. Un moment terrible. Le public parisien fait une ovation aux Springboks, dans un tour d'honneur très applaudi.

Le cataclysme du Parc des Princes et ses huées conduisent Bernard Lapasset, président de la FFR, à appeler aux commandes Pierre Villepreux et Jean-Claude Skrela. Ils seront nombreux à être sacrifiés pour l'exemple. Raphaël Ibanez, auteur de l'unique essai contre les Boks, sera promu capitaine, et connaîtra des jours éclatants…

Le dîner en l'honneur de l'équipe d'Afrique du Sud est donné par la Fédération française de rugby dans les salons Aiglon et Impérial de l'hôtel Inter-Continental, 3, rue de Castiglione, 75001, Paris. Ce samedi

AFRIQUE DU SUD

G. TEICHMANN *Capitaine*

O. du RANDT

. DALTON

A. GARVEY

K. OTTO

M. ANDREWS

ERASMUS

A. VENTER

W SWANEPOEL

H. HONIBALL

P ROSSOUW

D. MUIR

A. SNYMAN

SMALL

P. MONTGOMERY

MENU

TERRINE DE PERDREAU AU FOIE GRAS

BLANC DE CANETTE DE CHALLANS

SON PARMENTIER DE CUISSES AUX CÈPES

BRIE DE MEAUX ET SA SALADE

PARIS BREST

CAFÉ

APÉRITIFS

SUZE

BYRRH

PASTIS

CUTTY SARK

VINS

JURANÇON CHATEAU DE NAVAILLES 1994

BUZET 1991 BARON D'ARDEUIL

CHAMPAGNE J. DE TELUMONT

AVEC LA PARTICIPATION DE PERNOD
HOTEL INTER-CONTINENTAL PARIS

FRANCE

Ph. SAINT ANDRÉ *Capitaine*

Ch. CALIFANO

M. DALMASO

F. TOURNAIRE

O. MERLE

O. BROUZET

Ph. BENETTON

L. CABANNES

A. BENAZZI

F. GALTHIE

T. LACROIX

S. GLAS

Ch. LAMAISON

D. VENDITTI

J.-L. SADOURNY

Juge de Touche
C. HAWKE (Nouvelle-Zélande)

Arbitre
P. O'BRIEN (Nouvelle-Zélande)

Juge de Touche
P HONISS (Nouvelle-Zélande)

TOAST
Au XV d'Afrique du Sud par M. Bernard LAPASSET, Président de la Fédération Française de Rugby.

TOAST South Africa
Au XV de France par ~~[illegible]~~, Président de la ~~Scottish~~ Rugby Union.

22 novembre 1997, ils sont 267 convives en hommage au Parc des Princes, lequel a accueilli son dernier match de rugby. 267 convives donc qui, toute la soirée et une grande partie de la nuit, vont essayer de comprendre ce cruel baisser de rideau. Quelques-uns osent de-ci de-là entonner quelques chansons fanfaronnes… Évidemment, après le bombardement des sens, se pose la question de l'après. Un abîme de possibles peut engloutir le XV de France… Heureusement, le rêve ne cesse de refonder le monde.

Malgré Thierry Lacroix (à gauche) les Springboks
s'envolent vers une victoire écrasante sous le regard
impuissant des Français : le public aurait espéré
mieux, bien sûr, pour le dernier match
au Parc des Princes en novembre 1997…

Parmentier de cuisses de canard confites

Ingrédients

5 belles cuisses de canard confites
5 oignons nouveaux
3 cuillères à soupe de persil plat haché
500 g de pomme de terre
2 pommes Golden
1 litre d'eau filtrée
10 g de gros sel
20 cl de lait
100 g de beurre doux
1 pointe de piment d'Espelette
Sel fin, poivre blanc moulu (ou concassé)
Chapelure

Réalisation

- *Retirer délicatement la peau des cuisses de canard, et les réserver.*
- *Désosser intégralement les cuisses.*
- *Dans une poêle, faire caraméliser les peaux des canards à feu moyen. (Attention aux projections ! Je vous conseille d'utiliser une poêle à haut bord et avec un couvercle !)*
- *Une fois les peaux bien croustillantes, les débarrasser avec une passoire et les égoutter avec soin puis les conserver ainsi, à température ambiante.*
- *Ciseler finement les oignons nouveaux.*
- *Dans une cocotte, déposer les chairs de canard avec les oignons et faire chauffer à feu très doux pendant 20 minutes.*
- *Incorporer les peaux de canard, le persil et mélanger, puis réserver à température ambiante.*
- *Peler les pommes de terre et les Golden puis les plonger dans une casserole remplie d'eau salée (10 grammes/litre), faire cuire 25 à 30 minutes.*
- *Préchauffer le four à 180 degrés.*
- *Écraser les pommes de terre avec un presse-purée, ajouter le lait chaud, le beurre froid coupé en petits cubes, assaisonner d'une pointe de piment d'Espelette et mélanger jusqu'à obtenir une texture onctueuse. Rectifier l'assaisonnement (sel, poivre) si besoin.*
- *Dans un beau plat pour le four, tapisser le fond d'une première couche de purée, déposer ensuite le canard, puis une seconde couche de pommes de terre ; lisser l'ensemble avec une spatule.*
- *Saupoudrer de chapelure et enfourner.*
- *Sortir du four dès que la chapelure a pris une belle nuance caramélisée ; et pour contrôler sa cuisson, il suffit de piquer la pointe de couteau en son centre.*
- *Déguster sans attendre !*

Conseil du chef :

- *Chez votre primeur, choisissez des pommes de terre Charlotte ou Belle de Fontenay.*
- *Accompagné d'une salade verte bien vinaigrée, le tour est joué.*
- *Pour la purée : une pointe de curry ou de l'ail haché, de la coriandre (au lieu du persil plat), voire une pointe de calvados car c'est ça aussi la magie de la cuisine : savoir oser.*
- *Un plat que vous pouvez préparer la veille, il suffit de le conserver au réfrigérateur et de l'enfourner à 150 degrés (au lieu de 180 degrés) avant de servir.*

Mots du chef : La déconfiture... implique un bon confit. Désolé pour ce petit jeu de mots... or je me souviens encore avec amertume de cette terrible raclée pour nos XV lors de ce match contre l'Afrique du Sud ; pour me réconforter de cette terrible défaite, je m'étais cuisiné des cuisses de canard. Recette que je vous livre ici en version parmentier. Numéro 1 des plats réconfortants, gourmands, et régressifs à souhait. Victoire garantie pour cet incontournable de la cuisine française réinterprété par mes soins. Un plat convivial, généreux et savoureux qui comblera tous les cœurs. Bon appétit !

France : 9 – Angleterre : 15

Un ogre gourmet

19 février 2000

A L'APÉRITIF :
Champagne en magnum offert par la maison MUMM

CHÂTEAU LE BARAIL (Graves blanc)
GRAND BARRAIL LAROSE (St Emilion)
BAS ARMAGNAC GIVRÉ

NOIX DE SAUMON MARINÉ MI-CUIT, PETITE GRECQUE DE LÉGUMES ET QUENELLE CRÉMEUSE AUX ŒUFS DE POISSON

*****

COQUILLES SAINT JACQUES EN FINE CROÛTE PERSILLÉE EMBEURRÉE DE CHOU TENDRE AUX LARDONS DE HADDOCK

*****

ÉCHINE DE COCHON FERMIER PIQUÉE A LA TRUFFE ET RÔTIE MACARONIS AUX CÈPES, HARICOTS PALETTE AU JUS

*****

PETITE SALADE AMÈRE AUX COPEAUX DE « VIEUX BREBIS »

*****

BISCUIT CHAUD FOURRÉ DE MANDARINES EN MARMELADE ET PANÉ AU POIVRE DE SECHUAN – JUS ET SORBET

*****

Café expresso, mignardises et chocolats

DÎNER D'AVANT-MATCH FRANCE-ANGLETERRE
AU CARRÉ DES FEUILLANTS

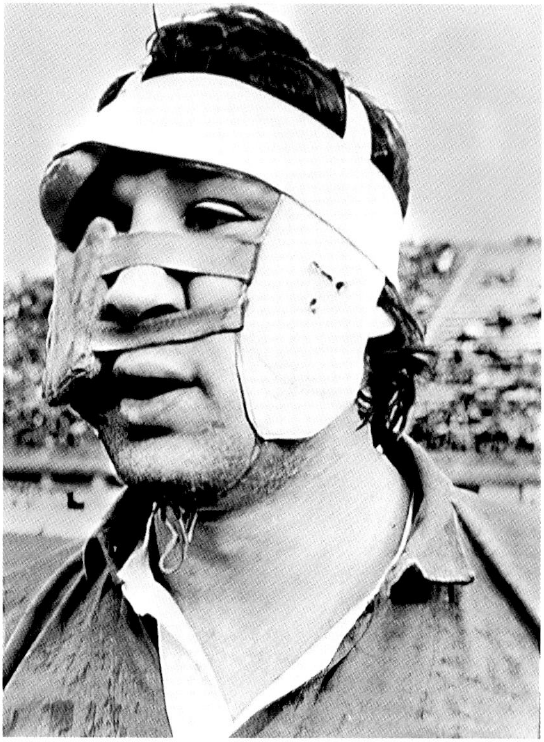

Michel Palmié dit "La momie".

Je souhaite dédier ce texte à mon ami « la Momie », « Ramsès », Michel... Michel Palmié ! Sa carrure de géant, ses sempiternels bandages, sa gueule, son franc-parler, son humour, et ses 118 kilos de grande générosité (tant qu'on n'était pas dans ses pattes sur un terrain !). Deuxième ligne du grand Béziers, Michel m'a fait vibrer une décennie ; le rugby prenait une dimension particulière avec lui ! Et au-delà de son talent et de ses prouesses, Michel avait été assigné à une mission bien moins violente et franchement plus agréable, celle de sélectionner des chefs et des lieux pour les repas de banquet ! Ce titre d'officier de bouche qui lui avait été attribué lui seyait à merveille ! Michel était non seulement un gourmand... mais un ogre gourmet ; on ne pouvait que lui faire confiance compte tenu de sa carrure et de son appétit !

Je me souviens de ce repas incroyable où Michel contacta Alain (Dutournier), chef du Carré des Feuillants, l'emblème de la Gascogne à Paris. Il lui demanda de réaliser un menu canaille ! Nos deux larrons firent un menu où les mets paysans croisaient les armes avec les produits de la haute gastronomie. Le goût de son « échine de porc fermier piquée à la truffe du Périgord » reste encore dans les mémoires de tous les gourmands ! Alain avait l'art de twister les produits et ce plat servi à ce banquet restera comme le souvenir d'un grand moment gourmand et d'une joie intense, telle une victoire de légende de notre XV de France !

Poitrine de porc caramélisée comme à Bayonne

Réalisation

- ***Au préalable : réhydrater les raisins dans un bol d'eau chaude (15 minutes) et égoutter.***
- ***Découper les poivrons piquillos en lanières, la ciboulette en bâtonnets et l'oignon nouveau en très fines rondelles.***
- ***Trancher la poitrine de porc en gros lardons (taille de votre pousse si vous jouez première ligne !).***
- ***Verser les lardons dans une grande poêle bien chaude préalablement graissée d'une cuillère à café d'huile d'arachide. (Attention aux projections d'huile ! Utiliser une poêle avec couvercle !)***
- ***Une fois les lardons caramélisés, incorporer une généreuse cuillère à soupe de miel de fleurs et donner une belle ébullition.***
- ***Déglacer avec une cuillère à soupe de vinaigre de vin.***
- ***Incorporer les câpres, les raisins, les rondelles d'oignon nouveau, les lanières de piquillos et les bâtonnets de ciboulette, mélanger délicatement.***
- ***Verser dans un grand plat convivial, incorporer les feuilles de roquette et des graines de tournesol torréfiées.***

Ingrédients

1 poitrine de porc (chez votre artisan charcutier ou ma recette maison en bas de page)
2 poivrons piquillos (rayon « Épicerie du monde » : Espagne)
1 cuillère à café de câpres
1 cuillère à soupe de raisins secs
1 cuillère à soupe de ciboulette
1 oignon nouveau
Miel de fleurs
20 g de roquette
Huile d'arachide
Vinaigre de vin
Sel et poivre noir pour rectifier l'assaisonnement
Graines de tournesol torréfiées

Conseil du chef : *si vous souhaitez réaliser vous-même votre poitrine de porc :*

- *Déposer la poitrine dans un faitout rempli d'eau et l'accompagner d'une carotte coupée en rondelles, d'un gros oignon tranché et de baies de genièvre puis laisser cuire l'ensemble pendant 3 heures ;*
- *Une fois cuite, la laisser refroidir dans son bouillon de cuisson ;*
- *L'égoutter délicatement, l'envelopper dans du film alimentaire puis la déposer au réfrigérateur pendant une nuit.*

Ne jetez surtout pas le bouillon ayant servi à faire cuire la poitrine. Il sera approprié à la cuisson de féculents, légumes, et notamment pour la cuisson de ma recette d'œufs pochés au saumon et de risotto d'asperges blanches que je vous indique dans cet ouvrage.

Mots du chef : Ce fameux *crunch* qui caractérise les matchs de la France contre la perfide Albion ne date pas d'hier ; il y avait déjà de l'électricité dans l'air lors du repas d'avant-match chez mon ami le chef Dutournier en ce 19 février 2000. Même si nos Bleus se sont inclinés face aux XV de la Rose, ils se sont battus comme des lions. Comme ce match *crunch*, je vous propose une revisite *crunchy* (croustillante) du porc caramélisé qui va vous régaler. Concoctée avec des saveurs du Pays basque, une recette gourmande – et addictive – qui va combler tous les gourmands. Bon appétit !

PAR OLIVIER MARGOT

Intégration de l'Italie dans le Tournoi des Six Nations

Vacances romaines

31 mars 2000

MENU

✧

Bisque de homard relevée à la fine champagne, fleurette sablée à la poudre de pistaches

✧

Le foie gras de canard en marinade de vin rouge, palets briochés aux graines de sésames

✧

Noix de Saint-Jacques à la crème de coquillages parfumée à l'estragon, fondue de pousses vertes

✧

Le plateau de fromages frais et affinés

✧

Froissé croustillant et crémeux au chocolat grand cru et pépites de praliné, crème anglaise à la vanille Bourbon

✧

Café et mignardises

✧

PREMIER BANQUET DONNÉ AUX ITALIENS CHEZ LASSERRE À PARIS

En 2000 avec l'intégration de l'Italie est né le Tournoi des 6 nations. Sergio Parisse nous explique que "le vrai tournant c'est l'année 2000, je me souviens surtout de l'Italie face à l'Écosse à Rome". L'équipe italienne célèbre sa victoire contre l'Écosse.

En 2000, avec l'intégration de l'Italie, est né le Tournoi des Six Nations. Avant de nous plonger avec délectation chez Lasserre, ce merveilleux endroit, pour ce premier banquet donné aux Italiens le 31 mars 2000, nous sommes en droit de nous souvenir...

13 avril 1963 : France-Italie à Grenoble. Le match, retransmis à la télévision, est commenté par Roger Couderc. L'équipe d'Italie va l'emporter quand, dans les derniers instants, Crauste et Dupuy vont briser le rêve de Lanfranchi et Zani. 14-12, victoire française à l'arraché... Robert Barran écrit dans Miroir-Sprint : « Il ne serait pas bon, il ne serait pas juste de nier les progrès des Italiens. Leurs avants manifestent une vocation collective très appréciable. Ils savent se regrouper. » Comme aujourd'hui en somme...

Première confrontation contre l'Italie le 1er avril 2000 pour son intégration dans le tournoi des Six Nations : les italiens n'arriveront pas à stopper les Français (ici Thomas Castaignède) et s'inclient 31 à 42.

Sergio Parisse, le grand numéro 8 italien.

Sergio Parisse, troisième ligne centre aux 142 sélections nous explique : « Le vrai tournant, c'est l'année 2000. Je me souviens surtout du match de l'Italie à Rome, face à l'Écosse, lors de son entrée dans le Tournoi. C'est mon premier souvenir fort du Six Nations. Ce 5 février 2000, on avait commencé par une victoire, 34 à 20, un début de rêve. » Des entraîneurs français de grand renom, tels Pierre Villepreux, Jean-Michel Aguirre, Pierre Berbizier, ont su faire progresser tout le rugby italien. Avec Berbizier aux commandes, son inventivité et sa rigueur, l'Italie remportera en 2007 sa première victoire à l'extérieur, 37-17 en Écosse, trois essais transformés inscrits dans les six premières minutes ! Un sans-faute, un bonheur encore plus grand quand, à Cardiff, les Gallois devront s'incliner à leur tour (20-23). Quatrièmes sur six, tout devient possible... D'autant que l'équipe de France s'inclinera à deux reprises face à l'Italie : 22-21 en 2011, et 23-18 en 2013.

Mais revenons chez Lasserre, au 17, avenue Franklin-D.-Roosevelt, Paris. Nous sommes le 31 mars 2000...

La ganache chocolat

Ingrédients

Pour la ganaches

250 g de chocolat noir type Guanaja 70 %
125 g de chocolat au lait, minimum 50 % cacao
3 jaunes d'œufs
25 cl de lait demi-écrémé
30 cl de crème liquide
80 g de sucre semoule

Pour les toasts

1 pain aux raisins (ou aux maïs) : la veille, laisser le pain à l'air libre afin qu'il durcisse
Huile d'olive
Fleur de sel
Piment d'Espelette

Réalisation

- *Concasser les deux chocolats, verser les morceaux dans un saladier. Réserver.*
- *Dans une casserole, porter le lait et la crème à ébullition.*
- *Dans un saladier, fouetter les jaunes d'œufs avec le sucre jusqu'à obtenir un blanchiment homogène puis verser délicatement le lait chaud, bien mélanger.*
- *Transvaser l'appareil dans la casserole du lait et laisser cuire 1 à 2 minutes, sans ébullition, et sans cesser de remuer avec une spatule en bois.*
- *Verser ensuite sur les carrés de chocolat, de façon progressive et tout en remuant, jusqu'à obtenir une belle texture homogène.*
- *Placer au réfrigérateur pendant 3 heures minimum. (L'idéal est de faire cette préparation la veille !)*

Toast de pain

- *Préchauffer le four à 120° degrés.*
- *Trancher le pain (qui a durci pendant la nuit) le plus finement possible.*
- *Badigeonner les tranches avec un petit peu d'huile d'olive et les disposer à plat sur une feuille de papier cuisson.*

– Enfourner les tranches jusqu'à ce qu'elles soient aussi croustillantes que des biscottes.

Dressage et dégustation

- *Dans un joli plat, créer des quenelles de ganache au chocolat.*
- *Saupoudrer très légèrement de fleur de sel, d'une ultime pointe de piment et d'un dernier trait d'huile d'olive.*
- *Servir avec les croustillants de pain.*

Conseil du chef :

- *Une ganache peut se préparer avec le chocolat de votre choix (noir, lait ou blond), or il est indispensable d'utiliser des « chocolats de couverture » (Valrhona en propose d'excellents). En effet, la qualité du chocolat jouera sur le goût de votre ganache mais aussi sur sa consistance. Plus votre chocolat sera riche en beurre de cacao, plus votre ganache sera ferme.*
- *Par ailleurs, si vous souhaitez garder votre ganache, il est impératif de la déposer dans un récipient bien hermétique. Ainsi vous pourrez l'utiliser pendant 2 semaines en la déposant au réfrigérateur et même 1 mois si vous la mettez au congélateur.*
- *Et pour plus de facilité, quand vous avez fini votre mélange et qu'il est encore chaud, versez-le directement dans de petites tasses individuelles et mettez-les au frigo. Il vous suffira de les servir accompagnées des croustillants de pain. Ainsi, vous ne risquez pas de manquer un essai.*

Mots du chef : Lors de ce premier banquet honorant l'intégration de la *Squadra Azzura*, nous avons montré aux Italiens la grandeur gastronomique de la France. Même si Catherine de Médicis a joué un rôle dans l'histoire de la cuisine française, son intervention reste minime : aucun pays européen ne saurait rivaliser avec notre façon unique de travailler les ingrédients… comme la fève de cacao ! Cette ganache va vous faire tomber en pâmoison. Une de mes « madeleines de Proust ». Toute mon enfance et mon adolescence ! Mon goûter plus-que-gourmand à mes retours d'entraînements ! Qui saurait résister à cette divine crème chocolatée. Personne ! Comme le disait l'illustre Brillat-Savarin : « Heureux chocolat, qui après avoir couru le monde à travers le sourire des femmes, trouve la mort dans un baiser savoureux et fondant de leur bouche… » Et il suffit aussi de peu pour tomber dans l'excellence ; une belle baguette bien croustillante, un beurre fermier et des carrés de chocolat noir et voilà un divin pain au chocolat.(Que cesse d'ailleurs cette guéguerre entre « pain au chocolat » et « chocolatine » !) Vive le dieu cacao et cette ganache qui va faire succomber tous les becs sucrés.

Déjeuner pour Albert Ferrasse

Hommage au "grand patron"

9 août 2007

DÉJEUNER EN L'HONNEUR DU PRÉSIDENT ALBERT FERRASSE À LA TABLE D'ARMANDIE À AGEN

Hommage à Albert Ferrasse, le « grand patron » qui était féru de cet excellent poisson : l'anguille de la Garonne ! En effet, une anecdote historique restera gravée dans toutes les mémoires : celle du déjeuner de son 90e anniversaire. Mon ami Michel Dussau, chef de La Table d'Armandie à Agen, avait proposé que cet évènement ait lieu au sein de son restaurant, en compagnie de Blanco, Skrela, Zani, Dubroca et l'ensemble des grands noms de la FFR. Albert Ferrasse était un fin gourmet et ce n'était un secret pour personne ! Au-delà de son professionnalisme, un véritable épicurien qui estimait que « la Table » impliquait un cérémonial ! Michel Dussau organisa donc cet anniversaire avec tous les honneurs qui s'imposaient. Le restaurant avait été privatisé pour ce déjeuner exceptionnel et le menu composé des plats favoris du président. Une seule table en « U », pour un esprit convivial et bon enfant… Si la cigarette était désormais interdite dans les lieux publics, cette interdiction fut superbement ignorée par Ferrasse qui n'hésita pas à allumer son précieux cigare dès la fin du déjeuner, tout en en proposant aux invités ! Ce n'était pas du goût de mon ami Dussau… mais qui aurait osé se rebeller face aux petits caprices du président. Le déjeuner qui avait débuté à midi se termina vers 19 heures, avec succession de digestifs, petites prunes… le tout dans un grandiose nuage de fumée de cigares et un brouhaha festif ! Un 90e anniversaire où tous les excès furent permis ; un évènement qui restera dans les mémoires !

En hommage à ce géant qui a bouleversé l'univers du rugby, j'ai imaginé une entrée qu'il aurait forcément appréciée ! Aucune anguille sous roche avec cette recette aussi gourmande que raffinée. L'anguille est ici cuisinée tout en finesse et en nuance… Sa chair fine et moelleuse est sublimée par la fraîcheur des légumes et son assaisonnement délicatement relevé. Servie en barquettes dans des feuilles de sucrine et agrémentée d'œufs de poissons volants, c'est un gourmand hommage à l'Océan et au grand Albert, au Panthéon des dieux de l'Ovalie !

Anguille fumée, avocat, haricots verts en barquettes

Réalisation

- *Équeuter les haricots verts et les plonger dans une casserole d'eau bouillante salée (10 g) pour une cuisson de 5 minutes ; bien les refroidir, les égoutter et les couper en petits morceaux.*
- *Émincer finement l'oignon nouveau et la coriandre.*
- *Peler la pomme Granny Smith, la couper en petits dés (même taille que les haricots verts).*
- *Découper l'anguille en petites cubes.*
- *Dans un joli saladier, verser les cubes d'anguille, les dés de pomme, la coriandre, l'oignon émincé, puis incorporer les haricots verts.*
- *Assaisonner la salade d'une cuillère à soupe de jus de citron, de 3 cuillères à soupe d'huile d'olive, d'une pincée de piment d'Espelette et d'une pincée de poivre noir. Mélanger délicatement.*
- *Découper délicatement l'avocat en dés et les incorporer à la salade. Laisser macérer.*
- *Éplucher les sucrines et se servir des feuilles comme contenants : à l'aide d'une cuillère, déposer délicatement la salade sur chaque feuille.*
- *Dans une belle assiette, déposer vos barquettes avec harmonie et placer au frais.*
- *Avant de servir, décorer de quelques tobiko et de noisettes concassées.*

Ingrédients

100 g d'anguille fumée
80 g de pomme Granny Smith
100 g d'avocat bien mûr
10 g d'oignon nouveau émincé
100 g de haricots verts
2 sucrines
1 cuillère à soupe de coriandre concassée
1 citron
Huile d'olive
Piment d'Espelette
Poivre noir
Sel
1 cuillère à café de noisettes concassées
1 petit pot de tobiko (œufs de poisson volant – en épicerie japonaise ou au rayon « Épicerie du monde »)

Conseil du chef : *Vous pouvez remplacer l'anguille par n'importe quel poisson fumé. Par ailleurs, les tobiko sont généralement d'une couleur dorée mais on les trouve également parfumés au wasabi (vert), au gingembre (orange) ou à l'encre de calmar (noir). Leur côté croquant offre la possibilité de jouer sur les textures de vos plats marins (sushi, sashimi, poissons, crustacés).*

PAR OLIVIER MARGOT

Coupe du monde de rugby
Afrique du Sud : 15 - Angleterre : 6

Une frustration infinie

20 octobre 2007

DINNER OF THE FINAL
ENGLAND - SOUTH AFRICA

DÎNER DE LA FINALE
ANGLETERRE - AFRIQUE DU SUD

RUGBY WORLD CUP
2007
COUPE DU MONDE DE RUGBY

SATURDAY OCTOBER 20 2007
SAMEDI 20 OCTOBRE 2007

STADE DE FRANCE®

Déclinaison autour du foie gras
Royale de foie gras à la truffe
Escalope de foie gras poêlée et pommes fruit rôties
Foie gras de canard mi-cuit au Sauternes et sa croustille

Selle d'agneau rôtie aux herbes
Navets glacés au miel et marrons
entre deux croustillants, jus de réglisse

Bouchon de Sancerre, salade verte

Verre de caramel destructuré
Brisures de meringue, légèreté de crème vanillée
Glace au caramel

Saint Véran,
Domaine de la Croix Senaillet, 2005

Cru classé de Pauillac,
Château Croizet Bages, 2002

DÎNER D'AVANT-FINALE AU STADE DE FRANCE

Tout est en place, semble-t-il, en 2007 pour que l'équipe de France remporte enfin la Coupe du monde de rugby, sixième du nom. Le rugby, on le sait, a beaucoup à voir avec la mémoire... Surgit alors, le jour du coup d'envoi de la Coupe du monde, l'indécence et même l'obscénité d'une terrible lecture, celle de la dernière lettre du très jeune Guy Môquet, fusillé à 17 ans et demi par l'armée allemande. Bien des joueurs du XV de France en restèrent pétrifiés.

À Saint-Denis, France-Argentine s'annonçait comme un match inaugural excitant... En fait, les mots manqueront : Ignacio Corleto, auteur de l'unique essai de la rencontre, Juan Martin Hernandez, Felipe Contepomi dynamitent une pauvre équipe de France, hachée 9-17 par les Pumas. La fête est-elle déjà gâchée ? Il faut vaincre l'Irlande impérativement. Deux essais de Vincent Clerc, dont l'un doit tout à un délicieux extérieur du pied de Frédéric Michalak. 25 à 3, le score rassure. Maintenant, l'humour devient nécessaire, surtout pour un pays organisateur. En effet, l'équipe de France va jouer son quart de finale au Millennium de Cardiff ! L'adversaire : les All Blacks, ces mâles dominants du rugby.

Le toit du Millennium est fermé, ce 6 octobre 2007. Débute un match inouï, prodigieux, insensé, démesuré. La rencontre n'est pas commencée que, déjà, à la fin du haka néo-zélandais, le défi entre les All Blacks et les Bleus atteint son paroxysme. À quel moment tout cela s'est embrasé ? Dans quelle montagne magique aller chercher la source de cette victoire ? Les Français vont gagner parce qu'ils sont revenus du bout du monde. Ils gagneront parce qu'ils étaient quinze Dusautoir. Traditionnellement, le rugby français fonctionne plus sur la réaction que sur l'action ; contre les Néo-zélandais, ils étaient des avions ; des avions à réaction ! Dans ce match irrespirable, on a vu Fabien Pelous et Raphaël Ibañez en complices de toujours, en vrais chefs de meute. Ibañez avait pris un coup de vieux contre l'Argentine, il est devenu jeune avec le temps. S'ils ont vaincu les invincibles, c'est parce qu'ils se sont souvenus que, contre les Français,

Le match emblématique du quart de finale de 2007 : l'engagement total et collectif du XV de France restera dans les annales. Chabal et Dusautoir au cœur de l'affrontement avec les All Blacks pour la première fois… en gris.

Dusautoir et Clerc plaquent Carter. Le 6 octobre 2007, le XV de France bat les All Blacks. Mémorable.

les Néo-Zélandais perdaient parfois leur vocabulaire, jusqu'à en faire une aversion latine. Les compliments démesurés venus du sommet de l'État ressemblaient à des passages avides… Rappelez-vous ces mots de Fabien Galthié, l'un des hommes de l'enchantement de 1999 : « Toute équipe ne peut exister que si les hommes qui la composent sont unis par des liens aussi forts que l'amitié, le respect, l'humilité et le rêve. » Et il y a cette maxime d'André Malraux qu'Abdel Benazzi, jeune capitaine, avait placardée sur les murs du château Ricard : « Il y a quand même une chose qui compte dans la vie, c'est de ne pas être vaincus. »

54e minute. Suite à un drop manqué de Dan Carter, Imanol Harinordoquy joue le renvoi pour lui-même. Les All Blacks mènent 13 à 6, quand se déploie l'essai de la révolte. Essai de Thierry Dusautoir le formidable, transformation de Lionel Beauxis, 13 à 13. Une Marseillaise monte alors dans le Millennium. 69e minute. La victoire paraît inaccessible quand Fred Michalak s'enfuit avec Yannick Jauzion dans sa foulée. Essai de Jauzion, transformation d'Élissalde, victoire 20-18 !

La finale Afrique du Sud-Angleterre (15-6) laisse le souvenir d'un match bloqué.

Le rugby est un acte poétique brut et même, quelquefois, brut de brutes.
Ils ont été sublimes.
« Il y a des baisers pour tous. Et chaque bouche dit merci. »
Persuadés d'avoir fait le plus dur, les Français se ruent à grande allure vers une frustration infinie. 13 octobre, demi-finale Angleterre-France au Stade de France devant 80 000 spectateurs. Match rugueux, inspiration disparue, Jonny Wilkinson réussit les deux pénalités et le drop qu'il ne fallait pas concéder. Victoire anglaise, 14 à 9. Immense amertume...
Le match pour la troisième place ? Succès argentin, 17 à 3 ! Ce nouvel échec des Bleus dans cette Coupe du monde laisse abasourdi.
Samedi 20 octobre 2007. Le dîner d'avant-finale Angleterre-Afrique du Sud est donné au Stade de France. Le foie gras de canard mi-cuit au sauternes et sa croustille allèchent bien des *aficionados*, surtout avec un cru classé de Pauillac à la main !

Mais cette finale de Coupe du Monde ne restera guère dans les annales : Afrique du Sud : 15, Angleterre : 6 ; aucun essai marqué, 7 buts de pénalités... Pour oublier, goûtons voir le Saint-Véran, domaine de La Croix Senaillet 2005, et reprenons une escalope de foie gras poêlée et pommes fruits rôties !

Terrine de foie gras aux figues

Ingrédients

1 foie gras de 400 g (déveiné par votre artisan boucher)
8 belles figues bien mûres
2 g de curry
2 g de poivre moulu
6 g de sel
1 g de sucre

Mots du chef : Au-delà de ses saveurs appréciées de tous, le foie gras a toujours été un baume au cœur ! Plus qu'approprié en cas d'amère défaite – comme celle de ce terrible 20 octobre 2007 contre l'équipe de la Perfide Albion. Inratable et rapide, cette recette de foie gras ici fourré aux figues va faire des émules et vous faire fondre de bonheur. Bon appétit !

Cuisson de la pâte feuilletée

- ***Éplucher les figues puis les déposer dans une casserole ; les faire cuire doucement pendant 15 minutes et sous couvercle – sans aucun rajout ! – afin d'obtenir la texture d'une compote d'une belle nuance légèrement caramélisée. Réserver.***
- ***Déposer le foie gras dans un grand saladier ; bien recouvrir ses surfaces avec le mélange curry, sel, poivre moulu et sucre.***
- ***Couper le foie gras en deux.***
- ***Déposer la première partie au fond d'une terrine et recouvrir d'une généreuse couche de figues compotées.***
- ***Déposer la seconde partie du foie gras.***
- ***Bien presser l'ensemble et envelopper la terrine de film alimentaire.***
- ***La déposer au micro-ondes pendant 3 minutes à 900 watts puis au réfrigérateur pendant 24 heures (minimum).***

Dégustation

- ***Sortir la terrine 1 heure avant de servir.***
- ***Toaster de généreuses tranches de pain de campagne (ou baguette) et déguster !***

Conseil du chef :

- *Je vous conseille de préparer cette terrine quatre jours avant de le déguster : en effet, les saveurs seront sublimées.*
- *Il est essentiel que votre foie gras soit IGP Sud-Ouest/label rouge : gage de sa qualité et de sa provenance.*
- *Vous pouvez aussi réaliser cette recette avec des abricots ou autre fruits de saison.*
- *Si cette terrine peut se conserver 15 jours avant d'avoir été touchée, il est en revanche essentiel de la terminer sous 3 jours dès que vous l'entamez.*

PAR OLIVIER MARGOT

Les 100 ans du Stade toulousain

22 décembre 2007

LE BANQUET DU CENTENAIRE À TOULOUSE

L'équipe troisième du Stade toulousain championne de France de rugby en 1912.

Le Stade toulousain est une école, un progrès, un sentiment. Dans cette ville du Sud, ces mots du *torero* Juan Belmonte résonnent : « que l'émotion intime dépasse le jeu du combat ». Chacun peut s'interroger : comment du rouge et du noir peuvent-ils produire ce jeu multicolore ? Comment une ville, un club, des équipes et des hommes sont-ils parvenus à donner tant à voir et surtout à penser ? Le Stade toulousain a sa lumière propre. Une expression dit : « Se perdre dans les souvenirs. » Avec le Stade, on ne se perd pas, on se retrouve. Il y a les avants et leur rugby en prose, les arrières et leur rugby en vers. Et penser aux autres, c'est passer aux autres.
Le Stade toulousain vient de loin, de 1907… Venons-en à ce banquet du centenaire. Jean Fabre, capitaine du XV de France dans les années 1960, puis si proche de Lionel Jospin alors premier ministre, Jean Fabre donc, qui fut président du Stade toulousain, se remémore ce moment extraordinaire. Henri Nayrou, grand journaliste de *Midi*

Jean Fabre (à gauche), ici en action sur le terrain quand il était joueur, sera plus tard capitaine du XV de France dans les années soixante. À droite, Yves Bergougnan, "l'artiste", qui fait ici sa célèbre feinte de passe.

Olympique, affirme que la soirée la plus exceptionnelle qu'il ait passée dans le monde du rugby fut ce moment précis. Jean Fabre était parti en quête d'Yves Bergougnan, merveilleux demi de mêlée accumulant les drops dans les angles les plus fermés. Sa blessure récidivante à l'épaule avait précipité cet être sensible dans un isolement quasi total, l'amenant à délaisser le monde du rugby. Jean Fabre se rappelle que son idée pour ce banquet du centenaire était celle-ci : faire d'Yves Bergougnan l'invité d'honneur ! Pendant des mois, un ami l'a travaillé au corps, « Yves, il faut que tu viennes ! » Après bien des hésitations, Bergougnan a été d'accord pour assister à ce banquet. Puis, il n'a plus voulu venir... On sentait bien que tout était devenu délicat et même précaire... Mais

Stade Toulousain Champion De France 1912 (Vierge Rouge).

"Alors Alkinoos Fit Danser Seuls Deux De Ses Fils, Halios Et Laodomas, Avec Qui Nul Ne Rivalisait. Ils Prirent A Deux Mains Un Beau Ballon Brillant, Œuvre De l'Habile Polybe; l'Un Le Lançait Jusqu'aux Sombres Nuées En Se Renversant En Arrière, l'Autre, Sautant En l'Air, Le Recevait En Souplesse Au Vol."

Odyssée - Retour d'Ulysse A Ithaque.

"C'est Quand Les Joueurs, Partagés En Deux Camps, s'Efforcent d'Intercepter La Balle, Que Ce Sport Atteint Son Maximum d'Intensité: Torsions Du Cou Mêlées A De Nombreux Coups De Lutte Font Travailler La Tête Et La Nuque, Tandis Que Les Muscles

Stade Toulousain Champion De France 1947.

"Des Flancs, De La Poitrine Et Du Ventre Entrent En Jeu Dans Les Volte-face, Les Changements De Postures, Les Efforts De Défense Ou d'Attaque Et Toute La Gamme Des Prises."

Stade Toulousain Champion De France 1989

Traité Du Jeu De Balle - Galien.

"Ayant Pris La Balle, Il Se Plaisait A Faire La Passe A l'Un Tout En Évitant l'Autre; Il La Faisait Manquer A Celui-ci, Déséquilibrait Celui-là Et Tout Cela Avec Des Cris Sonores: Je t'Ai! Balle Longue! Passe A Côté! Passe Au-Dessus! En Bas! En Haut! Balle Courte! Passe Derrière!"

Traité Du Jeu De Balle - Timocrate De Sparte.

Le traité du Jeu de Balle – Timocrate de Sparte, imprimé dans le menu du banquet du centenaire.

où était-il passé ? Finalement on l'a trouvé sur le parking, dans la voiture de son ami. Il ne voulait toujours pas affronter tout ce monde... Alors, Jean Fabre est allé le voir et Bergougnan a accepté de se rendre au banquet où ils dégustèrent, entre autres : salade de langoustines – à retrouver en double page suivante réinterprétées par Yves –, filet de bœuf et « gâteau féérique du Centenaire » !

Jean Fabre raconte : « J'ai fait monter Yves sur la scène et il a fait un discours exceptionnel, parlant de son époque prodigieuse, puis évoquant longuement les amis avec lesquels il jouait au rugby (...) J'avais eu la chance de pouvoir parler avec lui, cet artiste aux dix-sept sélections. Instant magique, chose remarquable, tous les grands noms du rugby étaient là, ils étaient nombreux à écraser furtivement quelques larmes. » Jean Fabre se rappelle ainsi avec une grande émotion ce moment magique, cette atmosphère unique. Jamais banquet ne fut plus réussi, car tous venaient de côtoyer une légende vivante.

Langoustines marinées aux framboises, citron vert, vinaigre de Calamansi

Réalisation

- ***Décortiquer les langoustines, déposer les carcasses dans une cocotte et préserver les chairs dans un récipient au réfrigérateur.***
- ***Faire suer les carcasses avec une cuillère à soupe d'huile d'olive ; les écraser avec un pilon (ou rouleau pâtissier).***
- ***Incorporer les échalotes, les dés de tomate et faire revenir à feu vif pendant 2 à 3 minutes tout en remuant.***
- ***Ajouter 25 centilitres d'eau minérale (ou filtrée), assaisonner de sel, poivre, piment d'Espelette et faire cuire à feu doux pendant 10 minutes.***
- ***Extraire les carcasses, récupérer le jus dans un bol et le déposer au frais.***

Ingrédients

12 belles langoustines
12 framboises bien mûres
20 g de graines de tournesol torréfiées
15 g de roquette
Sel fin
Poivre blanc moulu
Piment d'Espelette
Huile d'olive
Vinaigre de Calamansi
100 g d'échalotes ciselées
1 tomate coupée en dés
1 citron vert
Eau minérale (ou filtrée)

Dressage

Dans un beau saladier, verser les chairs de langoustines coupées en tronçons ; ajouter les framboises, les feuilles de roquette, le jus d'un citron vert, 3 cuillères à soupe d'huile d'olive et une cuillère à soupe de vinaigre de Calamansi, puis ajouter le jus des carcasses, mélanger délicatement.

- ***Parsemer de zestes de citron vert, graines de tournesol torréfiées ; servir bien frais.***

Conseil du chef : *Une recette simple et rapide qui peut également se préparer à l'avance ; il est néanmoins essentiel d'exécuter l'ultime mélange (jus des carcasses et chairs des langoustines) à la dernière minute afin de conserver leurs saveur et croquant. La langoustine est un produit délicat qui mérite d'être cuisiné avec déférence et si le coût de ces crustacés vous semble trop élevé, vous pouvez réaliser cette recette avec du thon rouge ou du mulet noir.*

Mots du chef : Le Stade toulousain est si cher à mon cœur qu'il mérite d'être honoré avec un produit que j'affectionne tout particulièrement : la langoustine. J'aurais pu choisir la saucisse ou le cassoulet (deux produits que j'adore) mais ce club qui implique l'excellence mérite un produit d'excellence ! Le délicieux mariage de la framboise et de ce divin crustacé va vous faire succomber. La saveur acidulée du fruit rouge associée à l'arôme iodé de la langoustine est une combinaison aussi subtile que raffinée. Une alliance qui m'a été inspirée par mes mentors « spirituels », ces grands chefs qui ont laissé leur empreinte dans l'histoire de la gastronomie : Carême, Urbain Dubois, Jules Gouffé qui avaient l'art de marier avec originalité – et prouesses – les meilleurs ingrédients. Cette recette en est « mon expression » et je suis convaincu qu'elle va enchanter votre palais. Bon appétit !

France : 26 – Irlande : 21

Brandade au Bristol !

8 février 2008

Syd MILLAR

HOTEL
LE BRISTOL
PARIS

Vendredi 8 février 2008

Pierre CAMOU

Bernard LAPASSET

Chardonnay Château Corton André Réserve 2004
Château Les Ormes Sorbet, Haut-Médoc 2001

Menu créé par notre Chef Eric Frechon

Brandade de morue truffée,
soupe de laitue et croustille de pain

Noix de coquilles Saint-Jacques
à la plancha, gnocchi de pomme de terre truffée

Pigeon farci
au foie gras et chou vert cuit en feuilleté

Plateau de fromages

"Castanha" du Brésil,
légère mousse de lait, Jivara lactée glacée

Café, friandises et chocolats

BANQUET DU MATCH
FRANCE-IRLANDE AU BRISTOL

« Brandade au Bristol » ! Ça sonnerait presque comme un dialogue d'Audiard ou un œuvre de San Antonio. Mais attention, quelle brandade. Notre officier de bouche Michel Palmié ne s'était pas trompé pour le choix de ce banquet. Ce dîner au cœur de ce palace restera dans les annales. Au-delà du luxe incarné par cet hôtel mondialement reconnu, c'est surtout le menu qui nous a été proposé par mon ami Éric (Fréchon) qui restera un souvenir éblouissant. Cette brandade...
Ah, cette brandade ! Je n'ai guère de superlatif pour la décrire avec le respect qu'elle mérite.
J'ai travaillé aux côtés d'Éric durant une décennie et même si nos chemins ont pris un chemin différent, nous avons la même philosophie ; celle d'insuffler une véritable Émotion (avec un É majuscule !). Si Éric a toujours préféré exercer ses talents pour des restaurants gastronomiques, et de haut standing, j'ai souhaité me tourner vers la bistronomie... Deux univers différents mais avec un dénominateur commun, celui de procurer du Plaisir (avec un P majuscule !).
Même si je me suis tourné vers la Simplicité et l'Essentiel, le sentiment est finalement identique : nous sommes des créateurs de bonheur. C'est d'ailleurs pour cette raison que la FFR propose ses banquets dans des palaces, tout autant que dans des bistros. En effet, ce n'est pas vraiment le lieu qui a son importance, ni son décorum... mais l'Esprit qui y habite et les Saveurs qu'on y découvre.

Le XV de France sortira vainqueur du choc contre l'Irlande (26-21) ce 8 février 2021.

IRLANDE 2008

Moelleux de haddock

Réalisation

- ***Dans une grande casserole, déposer le haddock et la morue, puis recouvrir avec 50 centilitres de lait et 50 centilitres d'eau afin que les poissons soient totalement immergés (inutile de saler, la salaison naturelle des poissons étant plus que suffisante !).***
- ***Ajouter le thym et le laurier et porter à ébullition. Sortir du feu dès les premières ébullitions puis laisser reposer à couvert pendant 10 minutes.***
- ***Égoutter les poissons, retirer les peaux et les émietter du bout des doigts en conservant de gros morceaux. Réserver.***
- ***Éplucher les pommes de terre et les pommes Golden. Découper un quart de Golden en fins bâtonnets, réserver.***
- ***Dans une seconde casserole remplie d'eau sans sel, faire cuire les pommes de terre et les pommes Golden pendant 25 minutes environ.***
- ***Passer les pommes de terre et les Golden au presse-purée, incorporer délicatement 20 cl de lait chaud, ajouter les 50 grammes de beurre et mélanger jusqu'à obtenir une belle purée onctueuse. (Si besoin, pour plus de moelleux, rajouter 10 centilitres d'eau de cuisson des poissons).***
- ***Incorporer les morceaux émiettés, l'ail haché, le persil puis mélanger délicatement dans la purée. Vérifier l'assaisonnement.***

Ingrédients

400 g de haddock
400 g de morue
500 g de pommes de terre
2 pommes Golden
1 gousse d'ail hachée finement
Persil
Amandes torréfiées (conseils en bas de page)
Piment d'Espelette
20 cl de lait entier (+70 cl pour la cuisson du poisson)
Huile d'olive
Thym
Laurier
Quelques feuilles de coriandre
50 g de beurre

Dressage

- ***Verser le moelleux dans un joli plat familial. Planter les bâtonnets de la Golden crue mise de côté. Parsemer d'amandes torréfiées. Décorer de quelques feuilles de coriandre, d'une cuillère à café d'huile d'olive et d'un ultime nuage de piment d'Espelette.***

Conseil du chef :

- *Pour la torréfaction des amandes : C'est la technique la plus rapide et la plus efficace : préchauffer votre four à 180 °C, puis déposer une feuille de papier cuisson sur une plaque. Verser ensuite les amandes dessus sans les superposer, puis enfourner 10 minutes. À mi-cuisson, mélanger les amandes pour uniformiser leur cuisson. Lorsqu'elles sont bien grillées, les faire refroidir sur un torchon propre*
- *Le haddock n'est autre que de l'églefin fumé. Une fois transformé, il vire à l'orange (sa peau est colorée au roucou - comme la mimolette), sa chair se raffermit et se parfume d'arômes boisés. On l'oublie souvent et à tort car c'est un poisson vraiment fameux .*

Mots du chef : Nos bleus et les Trèfles sont bien souvent sources de « combats » d'anthologie comme ce match qui avait de la gueule, du caractère, de la pertinence… tout comme la recette que je vous propose ici ; un plat gourmand aux saveurs marines avec des ingrédients qui permettent au haddock d'exprimer délicieusement son petit goût fumé. Marié avec harmonie à la morue, cette recette généreuse et savoureuse saura réjouir tous les palais. Bon appétit !

Finale du Top 14,
Toulouse : 15 – Montpellier : 10

Paris s'éveille

4 juin 2011

Au premier plan, les deux entraîneurs, à gauche Éric Béchu, à droite Fabien Galthié. Autour d'une omelette réconfortante…

BANQUET IMPROVISÉ AU PETIT MATIN…

Je me souviens de cette nuit du 4 juin 2011 comme si c'était hier... car le temps s'est s'arrêté ! Un instant d'une rare intensité et d'une solidarité à toute épreuve en compagnie de l'équipe Montpelliéraine.
En effet, j'avais suivi le match au stade de France et Toulouse avait remporté le championnat... j'étais rentré déçu et résigné. Alors que j'étais endormi depuis quelques heures, le téléphone sonna et voyant le nom de mon ami Fabien Galthié, entraineur de l'équipe, s'afficher sur l'écran, je n'hésitais pas à répondre malgré l'heure tardive. Celui-ci était en compagnie d'Éric Béchu et de tous leurs joueurs, s'excusant de me réveiller mais se demandant s'ils pouvaient passer au Relais Saint-Germain pour se sustenter avant de repartir de Paris...Cette requête ne m'a pas semblé insensée mais totalement légitime !
Sans la moindre hésitation, j'ai immédiatement pris le chemin du restaurant pour concocter un plat qui réchaufferait les cœur ! Il était 5 heures du matin et ma première idée fut de faire sortir les tables sur le trottoir dans cette douce aube naissante. Un dimanche de printemps à Paname encore endormie ; juste bercée par quelques clameurs... cette atmosphère si particulière m'a incité à m'interroger sur le plat que j'allais

La déception de Montpellier et la joie de Toulouse.

leur concocter ! En effet, j'avais l'envie de les réconforter, les surprendre, les satisfaire...Homard ? Turbot ? Côte de bœuf ? Plats trop pimpants, trop démonstratifs ! Dans un contexte que j'estimais plus familial, où les notions de solidarité et de réconfort s'imposaient, il me fallait plus de douceur, plus de simplicité ! Puis, j'eu soudain cette réminiscence d'un retour des champs de mon papa, accompagné de ses collègues, ils s'étaient tous levés aux aurores et rentraient exténués par un labeur éprouvant ; ma maman leur avait préparé une énorme omelette. Ce fut là, l'évidence ! J'allais leur préparer une Omelette Archiduc...pour faire honneur à des Rois !

J'appréhendais un état d'esprit morose lié à cette amère défaite, or quelle ne fut pas ma stupéfaction de découvrir l'inverse ! Certes, il y avait de la nostalgie et de la déception dans les regards, mais il y avait de la Noblesse ! Puis, les yeux tristes se sont remis à pétiller par le biais de ce petit déjeuner organisé au débotté ! Les plaisanteries, les rires sonores ont pris le pas sur le match, car au fond, une équipe implique un devoir de solidarité « pour le meilleur et le pire » ; rester solidaires, envers et malgré tout ! Je me souviens de leurs visages s'éclairant de joie une fois que je leur apportais les omelettes...

Pendant que les Toulousains font durer la troisième mi-temps jusqu'au bout de la nuit, les Montpelliérain se réconfortent à la table d'Yves Camdeborde : la convivialité... toujours.

Au premier plan à gauche Yves Camdeborde. Au fond, Fabien Galthié avec Bertrand Guillemin, Mathieu Austry (analyse vidéo), Benoît Paillaugue, Joan Caudullo, François Trinh-duc, et des amis.

Heureux, touchés par ce plat gourmand que j'avais confectionné avec toute l'attention qu'ils méritaient ! Je me souviens de leur surprise de découvrir les foies de volaille de poularde de Bresse enrobés de jus légèrement relevé d'un vinaigre de Banyuls. Ils dégustaient dans un silence ému !

La reconnaissance dans les regards de François Trinh-Duc et Benoit Paullaigue car cette omelette était salutaire ! Puis la situation prit une tournure culinaire ! On ne parlait plus de passe-croisée, de drop... mais de « saveurs », « ingrédients », « cuisson » et des souvenirs culinaires familiaux de chacun. La table devenait terrain de confidences ; un de ces instants rares où chacun se met à nu ; où chacun se confie sans filtre ; un de ces moments uniques qui soude, qui déchire, mais qui est essentiel pour notre construction personnelle. Je me souviens encore de mon émotion quand Fabien me fit comprendre d'un simple clin d'œil l'importance de cet instant précieux qui permettait à tous de digérer la déception.

Omelette archiduc

Ingrédient pour 4 personnes

12 œufs très frais
20 cl de lait cru
200 grammes de foies de volaille : poularde de Bresse
1 cuillère à soupe d'échalote ciselée
1 cuillère à soupe de persil plat ciselé
1 pointe d'ail haché
3 cl de vinaigre de Banyuls
Beurre demi-sel
Sel fin, poivre du moulin
Huile d'arachide

Préparation :

- *Prendre soin de bien ôter le « fiel » des foies (ces petites marques vertes très amères qui dénatureraient l'ensemble du plat)*
- *Dans une poêle, faire chauffer une cuillère à soupe d'huile d'arachide puis faire sauter les foies, saler et poivrer. (La cuisson doit être vive mais courte afin que les foies soient bien rosés en leurs cœurs)*
- *Ajouter les échalotes, l'ail et le persil et laisser cuire 1 minute ; déglacer avec le vinaigre puis conserver dans la poêle à température ambiante.*
- *Dans une seconde poêle (à omelette) faire chauffer une cuillère à soupe d'huile d'arachide.*
- *Profiter de ce laps de temps pour casser les œufs dans un saladier, incorporer le lait, le sel, le poivre et battre avec une fourchette.*
- *Verser l'omelette dans la poêle chaude et la cuire à plat, sans cesser de tourner avec la fourchette.*
- *Déposer les foies avec leur jus au centre de l'omelette puis la rouler délicatement.*
- *Déposer une cuillère à café de beurre demi-sel dans la poêle et dès qu'il est fondu, démouler l'omelette.*
- *Servir avec une salade verte bien vinaigrée ; cette omelette n'en sera que plus gourmande !*

PAR OLIVIER MARGOT

Spanghero est une fête

14 juillet 2018

DÎNER DU CINQUANTIÈME ANNIVERSAIRE DE LA TOURNÉE EN NOUVELLE-ZÉLANDE, À TOULOUSE

Walter Spanghero est l'un des hommes les plus extraordinaires que l'on puisse rencontrer. Un jour éblouissant de 2018, il a convié quelques-uns d'entre nous à le rejoindre impasse Destarac, sur les hauteurs de Toulouse, au plus près de la piscine, par un jour de grand soleil. Walter avait décidé de fêter le cinquantième anniversaire de la tournée en Nouvelle-Zélande, du 27 juin au 21 août 1968. L'homme ayant le cœur sur la main, il ne pouvait oublier de célébrer le Grand Chelem de 1968, premier du genre. Les mots de « Oualtère » : « Putain, cinquante ans. Oui, un demi-siècle a passé et le bon temps passe beaucoup plus vite que celui des tourments. Il y a quatre ans déjà, nous fêtions ici même les 50 ans de la victoire du XV de France à Springs, Afrique du Sud, mon premier match international, lui-même victorieux par 8 à 6... » Dans ces deux journées splendides, magnifiées par le bleu du ciel et de la piscine, nous nous heurtions avec délice à des joueurs célèbres tels Max Barrau, René Bénésis, André Herrero, Christian Carrère soutenu par Jean Cormier, et toute la famille Spanghero drivée par « mon frère Claude ». Bien sûr, des journalistes étaient présents : Jacques Verdier, Jean-Pierre Lacour, Jeannot Cormier, dit « La Corme », Olivier Margot... Le soir tombant, de grandes tables furent dressées. Avec Dominique, mon épouse, nous eûmes la chance de côtoyer l'instituteur Christian Darrouy, ailier fulgurant résistant avec peine à un vol de palombes. Le jour s'évanouissait, je tentais de river mon regard à celui de Michel Crauste, dit « Le Mongol », peut-être le meilleur d'entre tous : 22 capitanats en équipe de France, 2 défaites !

Le lendemain fut délicieux, la nuit avait été bonne, Walter avait loué un hôtel entier... J'avais avec moi le livre de Denis Lalanne, *La Peau des Springboks* (Paris, La Table ronde, 1964). Sur la page de couverture, Walter Spanghero charge, Michel Crauste à sa gauche, Maurice Lira (à droite)

Walter Spanghero… qui ne manquait jamais une occasion de célébrer les victoires ! En bas à droite, avec France Gall chez Castel (à la droite de France Gall, Michel Yachvili)… pour célébrer le France-Galles victorieux et le premier Grand Chelem !

Le livret du cinquantième anniversaire, distribué à tous les invités par Walter Spanghero.

... après la première expédition en Nouvelle-Zélande, l'équipe
de France de Christian Carrère s'embarqu...
pour une tournée de sept...
27 juin 1968,
...lanc, avec un
... Blacks et un
..., en dépit de
...ousiasmant
MUGIR CES FEROCES SOLDATS
AUX ARMES CITOYENS !
NEW ZEALAND
DAUGA
CESTER
COLIN MEADS
Mr et Mme Walter Spanghero
ci-joint, quelques photos en
souvenir de notre soirée, ce fut
un réel plaisir de vous retrouver pour
le 50e Anniversaire.
Cordialement
Michèle et Walter
20 Impasse Destarac 31400 Toulouse
Tél 05 61 14 06 34
FRANCE
N Z
NEW ZEALAND
LANCASTER PARK
SATURDAY, JULY 13 1968
OFFICIAL PROGRAMME TWENTY CENTS
FIRST TEST
FRANCE V NEW ZEALAND
SECOND TEST
ATHLETIC PARK
SATURDAY
JULY 27 1968
SOUVENIR PROGRAMME
Hommage à Colin Meads, monstre sacré du rugby, ... par une sale maladie... ...a 133 matchs, dont 55 tests, avec les ...che sans opposition. De gauche à droite, ...eau (2), Hopkinson (1), Gray, Strahan et Laidlaw (9).
Pour la première fois en Nouvelle-Zélande, un test se jouait à guichets fermés et les 55.000 spectateurs de l'Eden Park d'Auckland eurent droit, le 10 août 1968, à un grand spectacle, notamment grâce à la résurrection d'un XV de France admirable de brio en seconde période. Bien que sa tête jouxte celle de Trillo, Jo Maso était ouvreur ce jour-là. Il fait apprécier ici, devant Stephens, son art du cadrage.
Syd ... fut le ... test d'... premi... Blacks ... maori ... d'Hopki... centre, S...
Menu
Apér t f,
ort s, verr nes, ate er fo e gras
ette de Lotte au c tron
et d'o e aux g rolles
& fondant de patates douces
u de fromages
er ses et assort ments
norvég enne
...rs du deuxième test (9-3) mais celle de Pierre Villepreux, de plus de ...nde. Elle permit à la France d'ouvrir le score mais McCormick frappa ... et Plantefol, également Baux, Iraçabal et Dauga au second plan,
Après un magnifique échange avec Villepreux, l'ailier gauche Jean-P... ...alisation avait été annulée quelques minutes auparavant, file marqu... français, le plus beau des cinq offerts au public de l'Eden Park. McCorm...
Devant l'hôtel Louvo s à Par s, l'équ pe de France qu effectua la tournée en Nouvelle-Zélande, du 27 ju n au 21 août 19...
...oisième rang M che YACHVILI André PIAZZA, ean-Pierre LUX, ean TRILLO Jean-Louis BEROT André CAMPAËS, oseph MASO Jean-P...
...VILLEPREUX, ean RACABAL, Christian BOUJET ... E ie CESTER, Benoît DAUGA, Ala n PLANTEFOL, MIchel B LLIERE, Michel LASSERRE, Jean-Claude N...
... BOURRIER d recteur de la tournée), André GARRIGUE d recteur a...

est au soutien. Il ne peut rien leur arriver. Naturellement, je me suis fait dédicacer le livre. Michel Crauste a écrit : « Bien longtemps après nos exploits, Walter nous réunit pour nous rappeler cette belle jeunesse – Merci Walter. toute notre gratitude pour ce beau plaisir. »
Christian Darrouy a écrit : « Pour mon ami, voisin de table, en souvenir d'une belle soirée chez Walter. Toute mon amitié. »
Tous, nous aimons Walter. Tous, nous savons cette année terrible, hospitalisé une année entière dans la même chambre, le même lit, attendant chaque soir que son frère Claude (ci-dessous à gauche) puisse l'accompagner dans ce vertige. Walter Spanghero est un roc, un hercule, un combattant. À deux reprises, il nous a quittés ; les deux fois, la vie, la sienne, a triomphé. Un surhomme. C'est Walter Spang Héros.

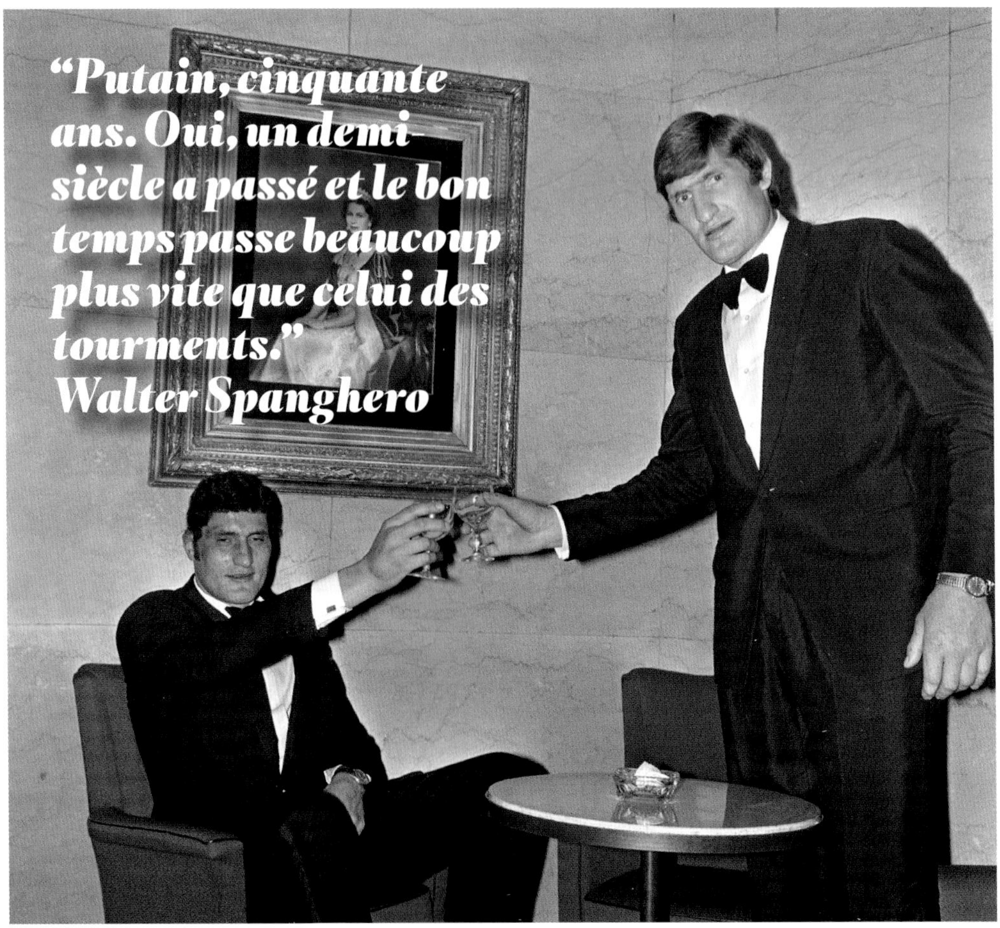

Le stade de l'Arms Park a Cardiff etait dénommé à juste titre "La cour de ferme" ; ici l'équipe de France pour le Grand Chelem en 1968, Galles (9)-France (14). De gauche à droite : Carrère (capitaine), Spanghero, Greffe, Yachvili et Plantefol.

Brochettes de lotte marinée, pomme Golden, avocat, citron vert et huile de sésame

Ingrédients

400 g de filet de lotte
1 avocat bien mûr
1 pomme Golden
8 tomates cerises
2 citrons verts
1 botte de coriandre
Huile de sésame
Sauce soja sucrée
Sel fin
Poivre blanc moulu
Piment d'Espelette
Poudre de curry

Réalisation

- ***Tailler le filet de lotte en cubes.***
- ***Déposer les cubes dans un saladier et incorporer une cuillère à café de curry, une pincée de sel, une pincée de poivre et une pointe de piment d'Espelette.***
- ***Ajouter 1 cl de sauce soja sucrée, le jus d'un citron vert, et 5 cl d'huile de sésame.***
- ***Mélanger délicatement et laisser mariner au réfrigérateur (minimum 10 minutes).***
- ***Éplucher la pomme Golden et la tailler en cubes.***
- ***Couper les tomates cerises en deux.***
- ***Éplucher l'avocat et le couper en dés.***
- ***Éplucher la coriandre.***
- ***Sur 12 petites brochettes en bois (ou en acier), intercaler chaque ingrédient de façon régulière.***
- ***Extraire la marinade du réfrigérateur.***
- ***Déposer les brochettes dans un plat, les arroser de la marinade puis parsemer de coriandre.***
- ***Presser un demi-citron vert, râper les zestes sur chaque brochette et servir bien frais.***

Mots du chef : Walter Spanghero méritait indéniablement qu'on l'honore lors de ce « 50e anniversaire ». Un des meilleurs joueurs de sa génération qui a marqué l'histoire du rugby par son charisme et son extrême professionnalisme. Un homme qui m'a fait vibrer, dans tous les sens du terme. Un cœur aussi grand que ses actions inoubliables sur le terrain. La table était sacrée à ses yeux ; elle représentait non seulement le lieu du partage, de la convivialité, mais l'occasion e faire honneur aux produits de notre cher terroir. Pour marquer le coup, j'ai donc choisi de cuisiner un poisson d'exception : la lotte, un poisson royal pour un homme... royal. Même si l'allure de ce poisson peut effrayer (comme celle de Walter sur le terrain !), sa chair est d'une saveur à se damner. (Aussi fondante que le cœur généreux de Spanghero !) Si la lotte se consomme généralement rôtie ou même pochée, je fais le choix ici de la mariner et vous allez découvrir une nouvelle texture plus onctueuse aux arômes plus soutenus ! Une recette rapide qui comblera vos sens tout en vous assurant d'un appréciable gain de temps. Vous pouvez la préparer le cœur léger, en attendant vos convives. Un moment – intense et gourmand – en perspective devant un match. Combo gagnant ! Bon appétit !

Conseil du chef : *La lotte est un poisson noble mais onéreux, je vous le concède. Vous pouvez alors la remplacer par des crevettes roses – d'un joli calibre – ou un poisson blanc que votre poissonnier saura vous suggérer avec justesse quand vous lui indiquerez une « cuisson » marinade.*

Coupe du monde de rugby en Nouvelle-Zélande

Masterchef

Septembre 2011

L'équipe de France pendant la Coupe du monde 2011.

UN CONCOURS POUR L'ESPRIT D'ÉQUIPE

À l'initiative de Lionel Rossigneux, Thierry Dusautoir, et Marc Lièvremont, cette recette restera dans les annales car elle a été réalisée à l'occasion du concours MasterChef par les joueurs du Stade de France, en 2011, juste avant leur départ pour la Coupe du monde qui avait lieu en Nouvelle-Zélande...

Nous avions divisé l'équipe en deux groupes ; un premier devait confectionner un plat avec « l'équipe des chefs étoilés » ; le second groupe avec « l'équipe des bistronomiques » dont j'étais le capitaine ; le jury était composé des entraineurs et du staff. Au-delà du contexte amical, une expérience révélatrice car empreinte d'une philosophie fondamentale : celle de démontrer aux joueurs que la dextérité lors d'une recette est tout aussi précieuse que lors d'une action sur le terrain ! Celle aussi de prouver que, sans cohésion d'un groupe, aucune victoire n'est envisageable. Comme tous les chefs qui participaient à ce concours, j'ai été surpris par le sérieux et la concentration qui ont gagné chaque joueur pour mener à bien sa mission car chacun a pris son rôle à cœur ! Trouver « la » recette a été le seul instant de tergiversations et ce sont les joueurs qui ont suggéré un dessert frais et gourmand. Les fraises se sont imposées d'emblée, réhaussées de la fragrance d'un vieux rhum ambré...puis, les joueurs m'ont proposé d'ajouter du piment végétal ! Cette suggestion m'a semblé incongrue mais, en testant ce mariage, j'ai été ahuri par l'harmonie et l'équilibre des saveurs !

Les joueurs m'ont proposé d'ajouter du piment végétal ! Cette suggestion m'a semblé incongrue mais, en testant ce mariage, j'ai été ahuri par l'harmonie.

Un sacré bel essai, victorieux, car nous avons gagné le concours grâce à cette recette savoureusement... décalée !

Soupe de fraises, piment végétal et rhum ambré

Ingrédients

400 g de fraises bien mûres
400 g d'eau minérale
100 g de sucre
40 g de purée de piment végétal
4 cl de vieux rhum

Mots du chef : Une création savoureuse née de l'esprit d'un groupe de sportifs qui a mis tout son cœur pour mener à bien ce concours Masterchef - avec le même entrain que sur un terrain. Une soupe délicieuse qui mérite le détour par son originalité et sa subtilité. Cette création va non seulement vous surprendre mais surtout...vous épater. J'ai opté ici pour un piment végétal plus doux et plus souple en bouche que l'original utilisé et vous allez vous régaler. Bon appétit !

Réalisation

- ***Dans une casserole, porter à ébullition l'eau et le sucre. Ajouter la purée de piment puis laisser refroidir hors du feu.***
- ***Une fois le liquide totalement refroidi, ajouter le rhum et laisser infuser au réfrigérateur 1 heure minimum.***
- ***Tailler les fraises en 4.***
- ***15 minutes avant de servir, déposer les fraises dans le sirop***

Dressage

- ***Répartir équitablement les fraises dans quatre jolies coupelles.***
- ***Les recouvrir du sirop.***
- ***Servir bien frais.***

Remerciements

Dans la pulsation de ce monde, merci et encore merci à Dominique, mon épouse,
qui n'a cessé de repousser les instants fragiles.
Pour Pierre Berbizier, cet apôtre du rugby, cet absolu de l'amitié.
Olivier Margot

À mon ami Jean Cormier qui a été un guide spirituel de ma vie parisienne.
Merci également à tous les amis qui nous ont aidé à retrouver les menus.
Yves Camdeborde

Direction éditoriale : Nicolas de Cointet
Conception graphique : Frédéric Hallier
Relecture : Pierre Rochelois
et Adèle Ottenwaelter
Fabrication : Alix Willaert
Photogravure : IGS CP (16)
Imprimé et façonné en Italie par la L.E.G.O.
ISBN : 978226486592

Éditions Albin Michel, 22 rue Huyghens, 75014 Paris
www.albin-michel.fr
Pour tout renseignement : nicolas.decointet@albin-michel.fr
Facebook : Beaux-livres Albin Michel
Catalogue : bit.ly/extraits-beaux-livres